José Carlos Mariátegui

Obras

Barcelona **2023**
linkgua-digital.com

Créditos

Título original: Obras

© 2023, Red ediciones S.L.

e-mail: info@linkgua.com

Diseño de cubierta: Michel Mallard.

ISBN rústica: 978-84-9007-877-8.
ISBN ebook: 978-84-9007-575-3.

Sumario

Brevísima presentación

La vida
José Carlos Mariátegui (1895-1930). Perú.

...Nací el 95. A los catorce años entré de alcanza-rejones en periódico. Hasta 1919 trabajé en el diarismo, primero en *La Prensa*, luego en *El Tiempo*, finalmente en *La Razón*.

En este volumen compuesto en su mayoría de artículos publicados en *La Prensa*, Mariátegui alerta sobre la necesidad de un arte nuevo —acorde con el futuro revolucionario que despunta— no limitado a simples exploraciones y conquistas formales, ni a describir la realidad mediante los parámetros de la estética realista.

La obra de Mariátegui es una defensa apasionada de las vanguardias artísticas y muy especialmente del surrealismo o suprarrealismo. En este alegato se desprende una de sus concepciones más profundas sobre lo literario: su capacidad para revelar los aspectos escondidos o usurpados de la realidad. La verdad literaria es ofrecer una nueva lectura de la realidad, librándose del bastión de la burguesía que no quiere que nadie cuestione su modo de representar el mundo.

«La calle, ese personaje anónimo y tentacular que la Torre de Marfil y sus macilentos hierofantes ignoran y desdeñan. La calle, o sea, el vulgo; o sea, la muchedumbre. La calle, cauce proceloso de la vida, del dolor, del placer, del bien y del mal.»

El fin de una poetisa[1][2]

Terriblemente conmovedor y doloroso es el suceso que nos dice hoy el cable. Ha sido un drama intenso, un drama triste, de aquellos que solo pueden ser concebidos por imaginaciones apasionadas y violentas, y que reviven pasados tiempos de romanticismos y de fiereza.

Envuelta en un ropaje de tragedia, ha muerto Delmira Agustini, la joven y brillante intelectual uruguaya, cuyo nombre traspasara los estrechos límites de la nacionalidad. Fue Delmira Agustini, una poetisa llena de sentimientos y robusta de inspiración. Con María Eugenia Vaz Ferreyra, aquella otra mujer excepcional y talentosa, compartía la admiración que suscitaran en su país y fuera de él los más elevados exponentes de la intelectualidad femenina.

A los dieciocho años era ya una triunfadora. En las revistas y periódicos se había revelado como poetisa sentimental y soñadora y se abrió para Delmira Agustini, una senda prometedora y venturosa. Nada le dijera que el destino acechaba traidoramente en ella.

Hermosa y juvenil, talentosa y buena, se rindieron a sus pies muchos y muy fervientes admiradores, enamorados de su bondad y su belleza muchos, de su gracia e inteligencia todos. Y de entre ellos hubo uno que mereciera el don de su mano blanca y fina. ¿Fue acaso el escogido, el esperado que fingiera en sus ensueños de amor y de vida?

Pero, para la poetisa, toda sentimiento y toda imaginación, no bastaban la dicha y el regalo del vivir hogareño. Su espíritu inquieto y raro, ansiaba quizás distinta recompensa. Buscaba, quién sabe, que la vida se le brindara en toda su emoción y en toda su violencia, como no era posible en la vulgar, apacible y monótona tranquilidad del hogar. Y tras un incidente cualquiera vino el divorcio, la separación definitiva entre la poetisa y su esposo, demasiado vulgar, demasiado bueno o demasiado enamorado, que todo ello sería defecto igual.

El espíritu de Delmira Agustini no encontró en su libertad la satisfacción buscada. En el torbellino de su labor intelectual buscó un aturdimiento para la nostalgia de lo ido. En la senda florecida y misteriosa de su vida, estaba

---

1   *La Prensa*, Lima, 9 de julio de 1914; EJ, v. 2, págs. 152-153; MT, tomo II, págs. 2341-2342.
2   Hemos preservados las notas bibliográficas de la excelente edición de Mirla Alcibíades para la Biblioteca de Ayacucho. (N. del E.)

ausente el amor, que en distinto camino la reclamaba anhelante. Y fue éste un torcedor angustioso y terrible en la vida de la poetisa sentimental y joven.

En un día cualquiera el hastío doloroso de esta vida sin razón y sin recompensa, reclamó con exigencia imperiosa un remedio definitivo, un término que ha llegado con el tremendo drama que nos cuenta el cable. Delmira buscó otra vez al esposo, al amado de otros días que tantas lozanas primaveras de vida inspirara, pero no para revivir la pasada tranquilidad de su nido de amor, sino para encontrar en sus brazos el final violento que anhelaba febrilmente su espíritu inquieto. Y la poetisa y su esposo, se inclinaron reverentes al caprichoso querer del destino y le hicieron la ofrenda de sus vidas en flor, junta y voluntariamente.

Así ha terminado la historia breve y sentida de esta mujer excepcional. Ayer no más naciera a la vida y germinó desde ese instante en su espíritu un ansia invencible de sentirla en toda su intensidad y en toda su fuerza. En sus rimas palpitaba el anhelo de cosas intangibles y soñadas. Decían una melancolía abrumadora y una desesperanza que aqueja a todos los que sienten y comprenden la miseria dolorosa de la vida.

Al pensar en este drama, rugiente de pasión, tremendo de dolor, cabe preguntarse si no fue una equivocación del destino, dotar a Delmira Agustini de una sensibilidad tan exquisita y de una imaginación tan grande. Y puede agregarse que mejor le hubiera estado nacer sencilla, humilde, y pobre de espíritu. Así habría cifrado sus expectativas para el porvenir en casarse bien y regalarse mejor y habría encerrado sus anhelos de dicha en los límites estrechos de un hogar dulce y tranquilo, alegrado solo por el alborotador bullicio de unos cuantos chiquillos y los trinos de un canario enjaulado.

Recordando al prócer[3]

Es Mariano Melgar, el dulce y romántico poeta de los yaravíes y el esforzado y joven paladín de los patriotas, uno de los más bizarros próceres de la magna epopeya libertadora.

A sus laureles de bardo soñador se suman los que conquistara en el campo de batalla, cuando se produjeron los primeros estallidos de la reacción patriótica. Y en las páginas que historian la guerra de la Independencia sugestionan hondamente los arrestos generosos de este enamorado de bellos ideales, que erigiera en su Apolo a Tirteo.

Hoy se celebra el centenario de la muerte heroica de este patriota. Hoy la patria rinde el homenaje ferviente de su admiración a la memoria del gallardo revolucionario que sacrificara en los campos de Humachiri la ferocidad de un capitán de los virreyes. Hoy vibra en todos los corazones y florece en todos los labios un recuerdo sincero y cariñoso para el que, empujado por los ímpetus de su lozano idealismo hiciera a la causa de la independencia el sacrificio de su vida fecunda.

Al lado de la noble figura del poeta, se agiganta la gloriosa del soldado. Y por eso el cronista, el mísero cronista de las cosas cuotidianas, que ha sabido admirar hondamente, profundamente, enamoradamente, las bizarrías romancescas de Melgar, quiere trazar estas líneas para loar el heroísmo del poeta que se irguiera en un gesto denodado junto a los que echaron la simiente de la nacionalidad peruana y para loar el idealismo del guerrero que escribiera con la punta de su espada el más intenso y sentido de los poemas.

Melgar fue un verdadero poeta y fue ante todo un poeta peruano. No fue la suya la lira majestuosa de los épicos, sino la triste, la dolorida, la quejumbrosa quena de los indios pastores. En la lamentación amarga, en el llanto angustiado de sus elegías y de sus yaravíes, palpitan todas las melancolías del alma indígena, toda la desolación de los dormidos panoramas de la puna, toda la augusta e imponente serenidad de las noches andinas. La voz de una raza sentimental y humilde, que siente a veces ansias de redención, parece que vibrara en sus estrofas.

---

3   *La Prensa*, Lima, 12 de marzo de 1915; EJ, v. 2, págs. 190-192; MT, tomo II, págs. 2359-2361.

Precursor del romanticismo en Sudamérica, sus versos son suaves, sencillos, armoniosos, sin ampulosidades, sin altisonancias, sin donosos artificios. Su inspiración se desborda como la clara linfa de un arroyo y así en la pureza argentina de sus canciones hay frescura y transparencias de agua soterraña. Lírico, profundamente lírico, solo cabe contar sus inquietudes y sus desvelos, sus amores y sus ansias, la delicadeza de sus sentimientos intensos y apasionados.

Un amor inmenso al cual consagrara todas sus devociones, toda su alma, amor de romántico, amor de trovador, ocupa por entero la vida del poeta. Lo canta en sus endechas, lo exalta en sus canciones, lo llora en sus yaravíes. Y la visión de la amada, de la amada dulce y bella, aparece en cada verso. Silvia absorbió sus ideales, ocupó sus pensamientos, cautivó su imaginación. Él cantaba, sentía y soñaba solo por Silvia. Y fue su musa. La musa tangible, la musa consoladora, que pusiera la luz de sus amores en la vida de los grandes líricos, de los grandes románticos que como Bécquer y como Musset iluminaron la senda de sus idealismos con perfumadas caricias de mujer.

Pero Melgar sufrió también el sino de los grandes líricos, de los grandes románticos. No supo ser comprendido. A la frágil cabecita de su amada, no se alcanzaba la intensidad de esta pasión, el fervor de este culto. Y un buen día los desvíos y los desdenes de su amada, pusieron un doloroso torcedor en la vida del prócer. Sus versos dicen toda la angustia de su desolación y de su olvido que le hinojaban a las plantas de Silvia, en demanda de su gracia. Más tarde se tornan desesperados y reflejan la intensidad de su pena. Serénanse luego y son dulcemente melancólicos. Hasta que sus nacientes ideales de libertad, los inflaman de fuego patriótico y les dan sonoridades épicas.

Sin embargo, aun cuando canta a estos ideales, Melgar sigue siendo dulce, apacible, tranquilo. Él no sabe arrebatar con sus estrofas muchedumbres batalladoras, él no sabe despertar bélicas ansias, él no sabe hacer sentir la grandeza majestuosa de un paisaje de la cordillera nevada ni la lujuriosa exuberancia de la selva virgen. Su poesía, sencilla, suave, doliente, llega mejor al alma del pastor lunático que dice sus tristezas en el silencio sonoro de las noches claras.

La primera llamada revolucionaria prendió en el sur. Melgar, se sintió inflamado por el fuego romancesco de los caballeros andantes, que cada día resulta más exótico, más raro, más loco. Se armó paladín de la santa causa. Cambió la musa real, la musa de carne y hueso, la musa amada, por la otra incorpórea y severa de la libertad. La musa dulce y buena por la musa imperiosa y guerrera.

La epopeya del primer ejército patriota, fue cruenta y ruda. Los reveses afligieron unos tras otro a los libertadores. Melgar se dio cuenta del fin inminente y fue a él consciente y valeroso. Tal vez los dolores de su pasión, las inquietudes de su alma superior, lo decidieron más aún al sacrificio.

Y sobrevino la derrota definitiva, completa en los campos de Humachiri el 11 de marzo de 1815. Al siguiente día, en un amanecer nublado y frío, el poeta de los grandes heroísmos, el soldado de los amados ensueños y de las locas quimeras, caía fusilado. Y quién sabe si en la calma augusta de la mañana, cuando el panorama silencioso recobraba su plácida serenidad campesina, el lamento de una quena quejumbrosa sonó como una oración.

Este fue el prócer que hoy recuerda la patria reverente.

Pierre Loti en la guerra[4]

Si al exquisito novelista de *Las desencantadas*, al dulce pintor de las cosas orientales, al artista enamorado del poético encanto de las odaliscas, le hubiesen dicho hace unos años que su deber militar le llevaría a batirse contra los otomanos y a regular el tiro de un cañón de su nave contra una ciudad oriental, tal vez se habría sonreído incrédulo o tal vez le habría asaltado la inquietud de que el vaticinio llegase a ser una dolorosa realidad. Pierre Loti, no pensaría que una exigencia del destino pusiese la proa de su buque guerrero hacia la costa serena y aromada del amado país de sus recuerdos. Pero la ironía amarga de la vida nos obsequia hoy también con esta mueca sarcástica. Ayer apenas nos dijo el cable —este cable bendito de las diarias sorpresa— que Pierre Loti estaba al mando de una cañonera y actuaba con ella en el bombardeo de los Dardanelos.

Sabe el lector que este gran Pierre Loti, se llama a la verdad Julien Viaude. Sabe también el lector, que como yo ha saboreado la delicada y sugestiva belleza de sus libros de Oriente y como yo le ha admirado, que este célebre Pierre Loti o, más bien, este semiignorado Julien Viaude es oficial de la marina francesa. En misión de su país o sin ella, ha viajado muchas veces por los países islamistas de la Europa y del Asia y ha permanecido años tras años en su adorado y plácido refugio de Estambul. Y si Julien Viaude es tan solo un oficial de marina que se confunde en la anónima multitud de las playas mayores, Pierre Loti es un mágico novelista de las cosas, de los paisajes y de las almas musulmanas.

Espíritu refinado, sensitivo, armonioso, supo gozar toda la intensa seducción de la vida de Oriente, adoró el misterio de tristeza y de sensualidad de los harenes, amó el encanto infinito de los ojos de las odaliscas, se embriagó en el perfume de gomas terebínticas y experimentó la exquisita voluptuosidad de sentirse musulmán, de creer en Mahoma, de orar en sus mezquitas y soñar en el fabuloso paraíso del Corán.

Estambul le brindaba junto al efluvio acariciador de sus perfumes, a la fantástica policromía de sus galas, al prodigio de armonía de sus paisajes y a la secreta seducción de sus liturgias, una intensa, una adorable vida de recuerdo y de evocación. Pierre Loti se acodaba a la ventana de sus añoran-

---

4   *La Prensa*, Lima, 20 de marzo de 1915; EJ, v. 2: 198-200; MT, tomo II, págs. 2363-2364.

zas y sentíase asomado al panorama dormido de lo pretérito. Este pueblo místico y sensual, estos fastos asiáticos, estos palacios aladinescos, estos tapices suntuosos, le sugerían amables visiones del pasado, y tendían a su vista el cuadro pleno de luz y de color, de poéticas costumbres que la civilización sacrifica, que la civilización ahoga en el vértigo de sus monumentos y de sus especulaciones y la vocinglería de sus automóviles raudos. Sentía el encanto de esta vida oriental en un rincón de Europa, de una raza decadente, como el último refugio del islamismo en el viejo continente en que domina victoriosa la cruz.

Y vistió como los otomanos y vivió como ellos y como ellos pensó. Como ellos dio al amor la mitad de su vida, como ellos gustó el agotamiento del placer y buscó en las caricias cálidas de las mujeres del oriente, la sedante laxitud de sus efluvios.

Tal grande artista, tal virtuoso de las emociones exóticas, tal encantado peregrino, que es también literato cultísimo y un pulcro estilista, sabéis cómo aprisionó sus sensaciones de amor, de voluptuosidad y de misterio, en las páginas de libros admirables. Al artífice de la palabra, al mago del color, se unía el fino psicólogo, el observador sutil que llegó al íntimo santuario de muchas almas y se adentró en la vibrante agitación de intensas pasiones. Y en sus novelas puso toda su devoción por las cosas musulmanas. Parece que en ellas se encontrase ecos de fervientes plegarias bajo la sonoridad aboveadada de las mezquitas, rumor de besos y de confesiones en el fondo penumbroso de los harenes, aromas de encendidos pebeteros.

Pierre Loti, dio prueba siempre de su amor por el viejo imperio semicaduco y especialmente por Constantinopla. Cuando la última guerra de los Balcanes, su pluma condenó las atrocidades de los invasores búlgaros que destruían a su paso irrespetuosos e iconoclastas cosas y costumbres que para el novelista eran relicarios de recuerdos. Dijo el crimen que sería destruir Constantinopla, asesinar su encanto y turbar la población de los serrallos.

Es este enamorado del Oriente y de sus fastos, este enamorado de Estambul y sus mansiones, el que hoy combate contra los turcos y pone la puntería de sus cañones contra las para él queridas márgenes del Helesponto. El deber patriótico, ese deber que en Francia sabe inspirar los mayores sacrificios y los mayores heroísmos, lo obliga a esta irónica contradicción. Ese deber ha acallado todos los sentimentalismos.

Yo pienso en las aflicciones que turbarán a Pierre Loti, literato, y que ahogará Julien Viaude, marino. Pienso en este choque de los sentimientos del artista y la convicción sagrada del patriotismo y del deber.

Quizá cuando los fuegos de la marina aliada dominen el paso de los Dardanelos y sus disparos saluden los primeros minaretes de Estambul, Pierre Loti, cumplido ya su deber de patriota, llorará sobre el puente de su nave de combate, la profanación y el desgarramiento del país de sus ensueños.

Causerie sentimental[5]

Tú, lector inquieto, que recorres ansioso las columnas de los diarios buscando la nota sensacional ávidamente; tú, lector amable, que los lees regalado y sereno como una distracción de sobremesa; tú, lector práctico, a quien solo atraen las noticias en que se refleja la fiebre de las especulaciones diarias; tú, lector despreocupado, para quien esta revisión ritual de la prensa es un frívolo pasatiempo, te detuviste quizá ante el relato de ese doloroso, de ese triste drama pasional que anteayer pusiera en la grotesca y jocunda bufonada de la crónica de policía una trágica nota de *guignol*.

Y tal vez, tú lector inquieto, tú lector amable, tú lector práctico, tú lector despreocupado, encontraste demasiado vulgar el drama y doblaste la página del diario en busca de otra que dijese algo más interesante, algo más sugestivo, algo que mejor satisficiese tus curiosidades y mejor calmase tu sed de emoción.

Es que día a día, solo suspenden el espíritu, solo cautivan la atención, los hechos, las cosas y los crímenes que están tocados de los refinamientos del siglo y en que laten —¡oh irónica paradoja!— las pulsaciones de la civilización. Madamas Stendhal en cuyos semblantes hay un rictus macabro de sensualidad y de muerte; aventureros rocambolescos en quienes el frac disfraza salpicaduras de sangre; nihilistas neuróticos que urden en la penumbra cómplice de un sótano la fantasía enfermiza de sus rencores y de sus odios. Se diría una sarcástica aristocracia del delito que tiene la extraña virtud de sugestionar a los hombres y de marearlos con el vértigo de los crímenes en que hay voces de automóviles, rumores de sedas, puñales blandidos por manos enguantadas, hálito voluptuoso de vida mundana. Romeo y Julieta se pierden en el olvido y en la lápida triste de su recuerdo, el tiempo difumina los nombres y marchita las siemprevivas.

Por esto, acaso nada te dijo la intensa, la sentida tragedia que se esconde tras el crimen oscuro que han registrado los diarios en sus crónicas de policía y que en medio de su vulgaridad tiene un sello de dulce aristocracia y de romántico exotismo. Ese delito, ese vulgar delito que es de los que aún se repiten aislada y cada vez más lejanamente, me ha dicho cómo todavía se mata y se muere por amor y cómo el amor que es poesía, que es

---

5   *La Prensa*, Lima, 9 de abril de 1915; EJ, v. 2, págs. 213-215; MT, tomo II, págs. 2370-2371.

19

simiente, que es renovación, que es vida, no pierde del todo en momentos de utilitarismo frío su divino ropaje sentimental y sabe despertar en espíritus ingenuos y sencillos, resoluciones heroicas.

La leyenda romántica y caballeresca de edades lontanas tiene un grato, un risueño florecimiento en este pobre suceso callejero. El lirismo de las almas otrora infinito revive fugazmente y es en el yermo desolado de la vida como un lozano brote en tronco añoso y milenario. Y es éste el significado amable que el cronista descubre en el rapto pasional que ha sido una noticia nueva en la información diaria de la prensa y un delito más para el lector ávido y curioso.

Ya sabéis cómo —y esto es quién sabe lo único que os ha conmovido de veras—, los protagonistas del acerbo drama fueron dos adolescentes, dos niños casi. La juventud rimaba en ellos un fragante, un florecido poema de vida y de amor. Miradas acariciadoras, confidencias entrecortadas, besos furtivos, fueron acaso los eslabones en este quebradizo engarce del idilio. Pero se interpuso de pronto entre ellos la primera barrera, el primer tropiezo y poco a poco el destino fue tronchando el idilio, truncando el poema y sembrando en sus espíritus la desesperanza y el desencanto.

Ella fue la primera en rendirse ante la imposición de la suerte. Tal vez la apenó un momento, tal vez abrió en su pecho virgen una temprana lacería, pero débil, inconstante, mujer, olvidó por otro la pena y anestesió la temprana lacería. Y poco a poco, un día tras otro, el amor pasó a ser solo un recuerdo. Otros amoríos le sonreían y ella no supo ser indiferente ante su seducción. Casquivana y locuela, el sentimiento de cariño por su galán de otra época fue esfumándose, fue desapareciendo. Una sonrisa, una coquetería, un melindre, brindados con inconsciencia como recompensa a requiebros y galanteos ajenos, fueron otros tantos crueles golpes para él. Y él le dijo tal vez toda la angustia de sus anhelos, toda la creciente intensidad de su pasión. Ella se quedaría muy pensativa, muy triste y hablaría solo para inferir un nuevo dolor al enamorado. No era culpa suya, seguía queriéndolo, lo querría siempre; pero mejor sería que la olvidase, era vano perseguir un imposible. Las palabras de la muchacha, caerían lacerantes, desgarradoras en el alma del mozo.

La idea del crimen se arraigó en ese cerebro joven, trastornado por el mal de amor. ¡Oh el mal misterioso que en las imaginaciones apasionadas siembra terribles locuras, el mal que enciende en los labios anhelantes la fiebre de los besos, el mal que es como una eterna simiente de dolor y de crimen! El criterio razonador y austero de la ciencia lo define enfermedad, y estudia el proceso complicado del delirante desvarío.

El fin trágico del pobre amorío, fue inevitable. Él quiso arrebatársela al destino, desposar con la muerte las vírgenes purezas de aquel cuerpo núbil y hacerle a su amor el sacrificio de su vida, de su vida que era inútil, que era triste, que era infecunda desde que la soñada quimera huyó.

Lector que me seguiste a través de esta ingenua, de esta plañidera divagación, escrita al margen del drama vulgar y triste, haz la limosna de un recuerdo al truncado idilio, sé un momento romántico, sé un momento sentimental y escribe un epitafio compasivo sobre la tumba de los amantes muertos. Sea un dulce coloquio de elegías el que no lo pudo ser de madrigales...

D'annunzio y la guerra[6]

El inmenso artista, el poeta selecto, el novelista mágico, nos sorprende en este instante con un gesto que por suyo es magnífico. Fueron siempre soberbias y aristocráticas las actitudes de este genial italiano que ha escrito en la suave eufonía de su nombre literario de Gabriel D'Annunzio, la más delicada expresión de su selección artística y de su latinidad. Sacerdotal, majestuoso, las subrayó siempre con ademán de exegeta y en su deseo novador de cenobita, del arte y la belleza revistió siempre sus actos de una serenidad abacial.

El cable de ayer consigna la noticia de esta última actitud que quiero glosar. Dice así: «El novelista Gabriel D'Annunzio, que se halla incorporado a un regimiento de caballería, como reservista, ha pedido al gobierno que lo traslade a la marina, en caso de que estalle la guerra. Dice que cuando la batalla de Lissa, Austria admitió a bordo de la escuadra a un historiador, para que escribiese la derrota de Italia. Ahora él quiere escribir la victoria».

Cuantos han seguido, a través de sus salientes manifestaciones, la vida de D'Annunzio —vida intensa y febril— saben cómo el gran escritor ha hecho del arte la profesión de fe de su vida. Su culto por la armonía, su religión de lo bello, le hicieron abominar de ese nombre duro y prosaico que se descubriera como el suyo propio, y en las liturgias de ese culto y de esa religión inspiró el ritmo de su vida y sus ideales. Detestaría a la manera griega el furor de las pasiones que altera la serenidad de las fisonomías y destruye la euritmia de los movimientos. D'Annunzio tendrá siempre la virtud de esquivar un tropiezo vulgar y de que a ninguno de sus actos falte la elevación y la superioridad que es norma en sus ideales. La vulgaridad repugna a la altísima aristocracia de su genio.

Advertisteis tal vez que por eso, en todas sus obras o en casi todas, puso tal excelsitud de ideas, tal pureza de forma, que deja siempre algo virgen, algo impoluto a la exploración epidérmica de los intelectos mediocres. Para llegar hasta la cumbre de sus ideales, para adentrarse en la urdimbre laberíntica de sus sutilezas, para escuchar la música sagrada que en el jardín de sus ensueños toca en su pífano encantado este fauno nuevo, hace falta una

---

6 *La Prensa*, Lima, 27 de abril de 1915; EJ, v. 2, págs. 232-234; MT, tomo II, págs. 2379-2380.

diafanidad que deja llegar hasta el fondo de las almas como una caricia de luz las sensaciones del poeta.

Y así fueron sus gestos. Serenos, reposados, caprichosos o enigmáticos. Los que no los comprendieron hablaron de *poseur*. De ellos solo puede decirse en justicia y con razón que trasuntaban los anhelos del artista. D'Annunzio quiso solo que respondiesen al ritmo de su vida.

Consagrada con reverente y universal admiración su gloria, D'Annunzio, como todos los grandes espíritus, se ha detenido cautivado ante el inquietante problema de la muerte y ha sentido la tristeza y la esterilidad de esta vida de dolor y de angustia. A su alma de selecto han tocado furtivamente los mismos anhelos que sembraron la desesperanza en las almas de Leopardi y de Manfredo. Y fue así que un día la prensa universal dio la noticia de que D'Annunzio había resuelto suicidarse. Pero suicidarse en una manera original. El gran poeta era dueño de una fórmula para apagar las pulsaciones de su vida, lenta, gradualmente, experimentando la intensa voluptuosidad de sentirse poseído poco a poco por la muerte que llega. Su cuerpo se iría consumiendo, reduciendo, evaporando casi, al influjo de un filtro misterioso como de un sortilegio conjuro cabalístico. Sería un pausado, un extático desposorio con la muerte que iría anestesiando progresivamente los órganos de la vida con la caricia sedante de sus besos. ¿Fue una fantasía morbosa del poeta o una invención a esa misma fantasía? Exquisita voluptuosidad, de todos modos, ésta de irse dando a la muerte lentamente, de ir sintiendo segundo tras segundo su halago extenuante, de ir dispendiando la vida inútil e infecunda pero amada por todos los que tienen un cobarde temor al más allá de hallarse envuelto en el hálito misterioso de lo infinito, de lo enigmático, de lo incognoscible. Sentirnos asomados a la muerte, en plena existencia, cuando aún sentimos los latidos de nuestra carne y nos aturde el torbellino del mundo.

D'Annunzio busca hoy la emoción de la vida de soldado, quiere embriagarse con el olor de la pólvora y la sangre y aturdirse con la orquestación terrible del combate. Y se ha hecho soldado. El cable no lo cuenta en el breve despacho que he transcrito. Pero su inquietud tornadiza y vehemente, ha modificado sus anhelos. Sus ideales de gloria, renacen en esta hora intensa que le devuelve ansias de vida y aletarga el cansancio y el hastío de las jornadas vencidas con la promesa de nuevas sensaciones. La majestad de las luchas navales le seduce y ha pedido que se le incorpore a la marina. Igual que en otras épocas Austria alistó en su flota a un historiador para que escribiese la derrota de Italia, él quiere que Italia le embarque hoy en la suya para escribir la victoria.

El novelista poeta, en quien los sentimientos de latinidad tienen noble arraigo, ha escuchado las pulsaciones de su pueblo y ha sentido sus anhelos de redención. Por eso quiere que la actitud de Italia en este momento responda a la voz clamante de la raza y sume el esfuerzo de la nación del mediodía al que ejercita Francia para abatir el osado imperialismo teutón. Y ofrece su pluma —la misma que apresara en páginas admirables las errantes libélulas de sus ideas— para escribir el triunfo de Italia en los mares.

Quiere ser nauta de su flota. Igual que la de ese divino visionario de Cristóbal Colón, ¿la figura de este hombre genial será a modo de talismán que conduzca por la ruta de la victoria a la armada de Italia?

Acaso, enamorado de la gloria de don Miguel de Cervantes en Lepanto, Gabriel D'Annunzio quiere que en la historia su nombre rubrique la epopeya naval de la Italia de hoy.

Mujeres de letras de Italia[7]

En el elenco de la literatura italiana contemporánea figuran varias mujeres. Y, afortunadamente, para gloria del arte y regalo de la humanidad inteligente esas mujeres son, en su mayoría, artistas auténticas, pur sang, algo no muy frecuente en las mujeres que escriben. La literatura es, como se sabe, uno de los sectores artísticos más asaltados por el diletantismo femenino. El diletantismo masculino no es menos osado y abundante; pero tiene la ventaja de ser mucho menos peligroso. La acción higiénica de las leyes de selección depura de él automáticamente, sin ningún embarazo, el organismo literario. Los hombres no disponen de las seducciones ni de los privilegios de las mujeres para resistir la acción de estas leyes. Mientras tanto el diletantismo femenino se presenta al combate armado de todas las prerrogativas acordadas a la mujer por la tradición, la galantería, etc., etc. Mediocrísimas escritoras igualan en reputación y notoriedad, transitoriamente por lo menos, a escritores selectísimos, por razón de su sexo, que no de sus prosas ni de sus versos. En la literatura francesa tenemos, vecino aún, el caso de Luisa Colet. Una vulgarísima poetisa que conquistó largo renombre no por escribir mal cincuenta volúmenes desabridos sino por conocer bien la alcoba de todos los literatos ilustres que tenían alcoba.

El caso Luisa Colet no es un caso típico y regional de la literatura francesa. Es un caso endémico en casi todos los climas literarios. Pero las diletantes tipo Luisa Colet de aptitudes y características esencialmente galantes, no son tan numerosas como las diletantes de aptitudes y características esencialmente domésticas y caseras. Como las diletantes líricas que toman la literatura como un «adorno» y que piensan con mentalidad de señorita de dieciocho años, que para ella no se necesita capacidad mayor que para el crochet o el pirograbado. A esta segunda angelical jerarquía pertenecen las diletantes del parnaso criollo redimido por solo una que otra verdadera mujer de letras. Por ejemplo aquella a quien están dedicadas estas líneas.

La más interesante de las mujeres de letras de Italia es Ada Negri. Esta Ada Negri es un valor artístico digno de ser tan altamente cotizado como la

7   *El Tiempo*, Lima, 12 de octubre de 1920; OC, v. 15, págs. 190-196; MT, tomo I, págs. 808-811.

condesa de Noailles y la Rachilde, las dos más extraordinarias mujeres de letras de la Francia contemporánea.

Ada Negri fue en su juventud maestra de escuela. Una pequeña maestra de escuela elemental. Una «maestrina» de escasa idoneidad pedagógica, que soñaba vagamente, con la mirada en la pizarra gris y con la mano sobre la rizada testa de su «bambino» predilecto. Sus primeros versos fueron pobres y desvaídos de forma; pero brillaba ya en ellos la divina chispa sagrada. De la enseñanza elemental pasó Ada Negri a la poesía. De la poesía pasó al matrimonio. Se casó con un rico industrial lombardo. Pero su matrimonio duró pocos años. El marido de Ada Negri era, probablemente, un perfecto industrial lombardo de alma fenicia, burguesa y adiposa. Dios me libre, sin embargo, de la huachafería de agobiar de atributos prosaicos la figura milanesa de este marido para dar una explicación lírica a la incompatibilidad de caracteres y a la separación subsiguiente. Prefiero creer, simplemente, que Ada Negri y su marido se cansaron de amarse, ya que también el marido de una poetisa tiene el derecho a cansarse de amar a su mujer.

Los libros de Ada Negri son numerosos. Les titulan *Fatalitá* (1892), *Tempeste* (1894), *Maternitá* (1906), *Dal profondo* (1910), *Eliseo* (1914), *La solitarie* (1918), *Il libro di Mara* (1919). Este último es uno de los que más placen, emocionan y sorprenden.

Una nota biográfica decía hace poco que a Ada Negri puede llamársela gran poeta en vez de gran poetisa. Y, en verdad, Ada Negri merece la distinción. Su poesía ha sido siempre la poesía de una mujer; pero no ha sido la poesía de una poetisa. Parece, pues, más expresivo de su superioridad el título de poeta que el título de poetisa.

Y es que los versos de las poetisas generalmente no son versos de mujer. No se siente en ellos sentimiento de hembra. Las poetisas no hablan como mujeres. Son, en su poesía, seres neutros. Son artistas sin sexo. La poesía de la mujer está dominada por un pudor estúpido. Y carece por esta razón, de humanidad y de fuerza. Mientras el poeta muestra su «yo», la poetisa esconde y mistifica el suyo. Envuelve su alma, su vida, su verdad, en las grotescas túnicas de lo convencional.

En la novela la mujer vale más que en la poesía. Y es que la mujer cuando es objetiva, suele ser natural y atrevida. Cuando es subjetiva, no. Ama la verdad cuando describe las sensaciones ajenas; se avergüenza de ella, cuando describe las sensaciones propias. Las desfigura, las oculta, las calla. No tiene el valor de sentirse artista, de sentirse creadora, de sentirse superior a la época, a la vulgaridad, al medio. Se siente, por el contrario, una mujer dependiente como las demás de su tiempo, de su sociedad y de su educación.

Y, precisamente, es todo lo que hay en ella de mujer lo que una poetisa debía poner en su arte.

Il libro di Mara presenta este aspecto de la personalidad de Ada Negri. Es el libro de la mujer que llora al amante muerto. Pero que lo llora no en versos plañideros, ni en elegías románticas. No. El duelo de esta mujer no es el duelo de siemprevivas, crespones y epitafios. Esta mujer llora la viudez de su corazón, la viudez de su existencia, y la viudez de su cuerpo. El *Libro de Mara*, al mismo tiempo que un libro de dolor, es un libro de pasión y de voluptuosidad. De una voluptuosidad mística que el dolor espiritualiza. Todo es puro, todo es casto, todo es inmaterial en el lenguaje, en las imágenes, en los ritmos.

Las primeras voces son voces de angustia y de opresión que reclaman al amado muerto. Luego estas voces se apagan. La poetisa no se quejará más. En espera del día en que se abrirán para ella las puertas del misterioso reino donde se unirá con el esposo, vivirá solo para evocarlo, para evocar sus besos, para evocar su amor. Para sentirse como antes, besada por su boca, tocada por sus manos, llamada por su voz y mirada por sus ojos. Para vivir de nuevo los días pasados, en un divino delirio de la fantasía y de los sentidos. Para continuar, poseída, amada, acariciada.

En *Il libro di Mara* sobresale otro aspecto de la personalidad de Ada Negri: su potencia dramática. Ada Negri, que es una intérprete profunda de la vida, es una intérprete profunda del dolor. Este genio dramático es atributo de la mujer italiana. Pensemos en Eleonora Duse, la trágica ilustre de ayer. Pensemos en María Melato, la trágica ilustre de hoy.

Algunas poesías de *Il libro di Mara*, llegan a un grado extraordinario de intensidad. Son extrañamente obsesionantes y misteriosas. Quiero copiar aquí una de las más bellas, «Il muro». Y no me atrevo, por supuesto, a traducirla. Hela aquí:

Alto è il muro che fiancheggia la mía strada, e la sua
nudità rettilinea si prolunga ell'infinito.

Lo accende il sole come un rogo enorme,
lo imbianca la Luna come un sepolcro.

Di giorno, di notte, pesante, inflessibile, sento il tuo passo
di là del muro.

So che sei lì, e mi cerchi e mi vuoi, pallido del pallore marmoreo
que avevi l'ultima volta ch'io ti vidi.

So che sei lì: ma porta non trovo o da schiudere, breccia non posso
scavare.

Parallela al tuo passo io cammino, senz'altro udire, senz'altro
seguire che questo solo richiamo:

sperando incontrarti alla fine, guardarti beata nel viso,
svenirti beata sul cuore.

Ma il termine sempre è piu lungi, e in me non v'è
fibra che non sia stanca;

ed il tuo passo di là dal muro si scande a martello sul
battito delle mie arterie.

Esta poesía es admirable, el símbolo posee en todo instante una fuerza
maravillosa. Se ve el «muro», ese «muro» que el Sol enciende y «que la Luna
emblanquece como un sepulcro» y pegada se ve marchar a una mujer pálida, magra y enlutada. Y se siente los pasos de alguien que marcha también
al otro lado. De alguien que está muy cerca y muy lejos a un tiempo. Tan cerca que se perciben sus pasos. Tan lejos que no se puede escuchar su voz, ni
ver su rostro espectral. El «muro», esta vez como todas, parece infinito. No se

sabe dónde ni en qué momento acabará; pero se sabe que acaba. Se sabe, porque, como dicen los versos de Ada Negri, se oyen los pasos de los que avanzan del otro lado paralelamente a nosotros.

La poesía de Ada Negri ha evolucionado mucho de su primera época a su época actual. A medida que se ha perfeccionado y purificado como forma. Su temperamento ha encontrado expresión cada día más desenvuelta y musical en el verso libre que en el verso clásico. Ada Negri es hoy una de las cultoras más finas de la forma modernista.

Otras dos interesantes mujeres de letras son Grazia Deledda y Amalia Guglielminetti.

Grazia Deledda es novelista. Pero una novelista de alma ricamente poética. Tiene una dulzura muy femenina su visión de la vida. Ha publicado muchos libros de cuentos y novelas, entre otras *Colombi e Sparvieri*, *Canne al vento*, *La colpe altruit*, *Marianna Sirca*. Sus obras son en total veinte, editadas entre el año 1900 y el año último. Han sido traducidas a diversas lenguas.

Amalia Guglielminetti es una escritora de personalidad más compleja, más moderna, más siglo XX. Refleja la mujer de su tiempo. Entre 1904 y 1919 ha publicado diez libros. Casi todos libros de versos, uno que otro de cuentos y una comedia. Se reprueba la frivolidad que frecuentemente domina en sus páginas; pero esa frivolidad es sugestiva y característicamente femenina.

Además, la Guglielminetti es otra de las poetisas que vierten en versos, sin timidez ni hipocresía, sus sensaciones de mujer. Algunas de sus composiciones serán, sin duda alguna, audaces para las gentes gazmoñas. Me acuerdo de una titulada «Ilattini». En ella evoca una mañana de abril. No sabe si fue en el año en que dejó las monjas de su convento, si fue el año anterior, si fue el año siguiente. Esa mañana, abril se despertó en el alma ligera, ella con su pequeño corazón opreso. La noche los había mecido a abril invierno, a ella niña. Y de esa mañana ella cuenta: «Io aprile ciglia fatta giovinetta, tu apristi y cieli fatto primavera». Y de esa mañana ella agrega: «Ormai ero colei que sa ed aspetta e a qualche avido sguardo sussultavo».

Estas mujeres de letras no son tan conocidas entre nosotros como Carolina Invernizio. Y es natural. Para Carolina Invernizio hay un enorme y permanente público de cocineras en todas partes del mundo. Para Ada Negri no hay ni puede haber, ni aun dentro de las señoritas de «élite», un público igualmente apasionado. Las señoritas de «élite» están, por lo común, muy ocupadas con la lectura de Ricardo León que escribe bonito y de Paul Bourget que escribe en francés. Pero a Ada Negri le basta para ser inmortal que haya en la tierra un alma capaz de comprenderla. Un verso de Valdelomar, uno de los muchos bellos versos de Valdelomar, dice que «para salvarnos del olvido basta que un alma nos comprenda». Y es cierto.

Los amantes de Venecia[8]

Sobre el amor de Alfredo de Musset y Jorge Sand se ha escrito muchos libros. Los primeros fueron, naturalmente, uno de Alfredo de Musset y otro de Jorge Sand. Pero ni éstos, por razones obvias, ni los demás que los han seguido, por razones abstrusas, son una historia completa y verídica del famoso amor. El único libro que parece serlo es *Los amantes de Venecia* de Charles Maurras, que acaba de ser reeditado.

En una estancia de un hotel del Lido, con las ventanas abiertas al panorama de Venecia y a la música de góndolas de la Laguna, he leído esta novísima edición de la obra de Maurras. Ha sido ésta una lectura casual. Pero yo he resuelto imaginármela intencionada. Porque es absolutamente necesario que, en estos días de septiembre, en que Venecia está poblada de gentes que vienen a veranear a la playa del Lido, y que no se preocupan de la historia de la república de los Dux,[9] algún peregrino más o menos sentimental se acuerde de los pobres amantes que aquí vivieron los capítulos más intensos de su novela.

El autor de *Los amantes de Venecia* es el mismo Charles Maurras que dirige *L'Action Française*, el mismo escritor mancomunado con el insoportable chauvinista León Daudet en la literaria empresa de predicar a los franceses la vuelta a la monarquía. Es, por ende, un tipo a quien habitualmente detesto. Pero esta vez me resulta simpático. Su libro es agradable. Tan agradable que, leyéndole, se olvida uno del editorialista de la absurda *L'Action Française*.

Los otros biógrafos de *Los amantes de Venecia* no han sabido ser imparciales. Charles Maurras sabe serlo en su libro. No defiende ni detracta a ninguno de los amantes. Su justicia, al hablar de uno y otro, es tal que los mussetistas lo acusan de admirador de Jorge Sand y los sandistas de partidario de Musset.

La historia de amor de Musset y Jorge Sand apasiona todavía a mucha gente de Francia. Y en otros tiempos, como es sabido, apasionaba a más gente aún. Tiempos ha habido en que se polemizaba calurosamente sobre los más íntimos particulares del ilustre menage; de un lado se sostenía, por

---

8   *El Tiempo*, Lima, 11 de enero de 1921; OC, v. 7, págs. 68-74; MT, tomo I, págs. 816-818.

9   Príncipe Magistrado Supremo en las repúblicas de Génova y Venecia (N. de OC).
     Se indica OC para referir a las *Obras completas* de Mariategui, Lima, Biblioteca Amauta. (N. del E.)

ejemplo, cosas como ésta: que Musset y Jorge Sand no debían ser llamados los amantes de Venecia, porque en Venecia, si bien habían estado juntos, no habían sido efectivamente amantes. Y de otro lado, como es natural, se sostenía lo contrario. Y se citaba testimonios que acreditaban que, en Venecia, Musset y la Sand habían compartido el mismo lecho más de una noche. Charles Maurras, precisamente, habla de una carta de Jorge Sand, en que se alude al día «en que fue cerrada la puerta que comunicaba su dormitorio con el de Musset», para demostrar que esa puerta había estado abierta en un principio.

El libro de Maurras, lo repito, relata con mucha imparcialidad los diversos episodios del célebre amor. Pero el autor no puede evitar que su obra pruebe que Musset hizo lamentablemente el ridículo. Y que, mientras Jorge Sand aparece en su obra como una mujer inteligente y simpática, al par que pérfida y aviesa, Alfredo de Musset aparezca como un adolescente candelejón y tonto.

La novela de Alfredo de Musset y Jorge Sand puede sintetizarse así:

Jorge Sand fue amante de Musset antes de separarse oficialmente de su marido, el barón de Dudevant. Había sido ya amante de Jules Sandeau y de Merimée. Esta pluralidad de amantes no quiere decir, por supuesto, que Jorge Sand fuese una hetaira. Quiere decir que Jorge Sand tenía el corazón demasiado grande, generoso y hospitalario, esto es «casi incapaz del sentimiento que la generalidad de las gentes llaman amor». «Dos clases de personas —escribe Maurras— parecen ser inadaptadas al amor, las primeras por una falta de sensibilidad, las segundas por un exceso de este don de sentir y de seguir el sentimiento.»

Desde el primer capítulo aparecieron en la novela de amor de Musset y madame Dudevant las querellas y los pleitos. Cuando se dirigieron a Venecia —después de haber saboreado el amor metropolitanamente en París y geórgicamente en Fontainebleau— no fue en viaje de Luna de miel ni mucho menos. Como que hay quienes aseguran que habían ya dejado de ser amantes y que no eran sino dos buenos amigos. Venecia, como se sabe, ejercitó todo su encanto en el espíritu de Jorge Sand. Su inquieto corazón estaba, pues, muy propenso a palpitar por el primer veneciano plácido que se le aproximase. Este veneciano fue el doctor Pagello, llamado a asistir a Alfredo de Musset, atacado por una impertinente enfermedad. El doctor Pagello era un vigoroso y joven ejemplar de la fauna de Venecia. Jorge Sand, aunque sinceramente preocupada por la mala salud de su amante y fatigada por las vigilias pasadas al pie de su lecho, no podía dejar de apreciar estas cualidades. Y, como tampoco podía limitarse a apreciarlas, se enamoró de ellas. Fue así como Jorge Sand, al mismo tiempo que moría de ansiedad por Musset, moría de amor por el doctor Pagello. El pobre Musset, delirante en su cama, no estaba en aptitud de advertirlo. Ni aun el doctor Pagello, cuya temperatura y clarividencia eran normales, supo advertirlo oportunamente. Jorge Sand tuvo que declarársele en la forma más explícita posible. Su declaración no fue verbal sino escrita. No por ser la declaración de una escritora, sino por ser la declaración de una mujer que apenas hablaba el idioma del hombre amado.

Hay que felicitarse de que esta carta de Jorge Sand haya sido dada a luz, porque constituye, sin duda alguna, su página más maravillosa. «Tú eres extranjero —dice en sustancia Jorge Sand a Pagello—, tú no entiendes mi lengua y yo sé demasiado mal la tuya para que podamos comprendernos. Y, siendo de patria, de razas, de costumbres diferentes, aunque pudiésemos comunicar nuestro pensamiento por el lenguaje, nuestros corazones continuarían siempre distantes el uno del otro.» Luego ella le interroga con vehemencia: «¿Quién eres tú? ¿Qué puedes ser para mí? Se te ha educado quizá en la convicción de que las mujeres no tienen corazón. ¿Sabes tú que tienen también uno? ¿Eres tú, cristiano, musulmán, civilizado, bárbaro? ¿Eres tú un hombre? ¿Qué hay en ese pecho masculino, en ese ojo de león, en esa frente soberbia?». El cuestionario se hace después más concreto. Jorge Sand pregunta a Pagello si es idealista o carnal en amor, bruto o poeta; si, cuando su amante se duerme entre sus brazos, sabe quedar despierto para mirarla, rogar a Dios y llorar; si los placeres del amor lo dejan jadeante y embrutecido o si lo arrojan en un éxtasis divino. Enseguida ella le agrega: «Yo no sé de tu vida pasada, de tu carácter, ni lo que los hombres que te conocen piensan de ti. No importa. Yo te amo sin saber si yo podré estimarte, y yo te amo porque tú me gustas».

Pero donde están encerradas toda la belleza, toda la poesía, toda la emoción inmensas de la carta, es en las frases siguientes: «Si tú fueses un hombre de mi patria, yo te interrogaría y tú me responderías, pero yo sería tal vez más desventurada todavía, porque entonces tú podrías engañarme. Tú, tú, como eres, no me mentirás, no me harás vanas promesas ni falsos juramentos. Tú me amarás como tú puedes amar. Lo que yo he buscado en vano en los otros, no lo encontraré quizá en ti, pero podré creer que tú lo posees. Las miradas y las caricias de amor, que me han mentido siempre, tú me las dejarás explicar como yo quiera, sin añadir a ellas palabras mentirosas. Yo podré interpretar tu ensueño y hacer hablar elocuentemente tu silencio. Yo atribuiré a tus acciones la intención que yo te desearé. Yo no quisiera saber tu nombre. ¡Escóndeme tu alma! ¡Que yo pueda creerla siempre bella!». Esta carta fue escrita por Jorge Sand en presencia de Pagello. Pagello la miraba escribir nerviosa y apasionadamente sin comprender. Y cuando ella metió las hojas dentro de un sobre en blanco, y sin decirle una palabra, puso el sobre en sus manos, Pagello preguntó a quién debía entregarlo. Entonces Jorge Sand le quitó el sobre de las manos para escribir encima: «Al estúpido de Pagello».

Consecuencia natural de esta carta fue que Jorge Sand y el médico de Venecia se entendieran no solo en el terreno sentimental sino en otros terrenos limítrofes. Musset, en tanto, mejoraba, lo que, probablemente, eliminaba de la conciencia de Madame Dudevant y de Pagello todo remordimiento. Después de todo —pensaban acaso— sea cierto que traicionaban a Musset; pero era no menos cierto que lo traicionaban después de haberle salvado la vida con su amor y desvelos. Pero, con la salud, Musset recuperó la facultad de darse cuenta de lo que pasaba a su alrededor. Un día notó que al pasar tras un biombo Jorge Sand y Pagello se demoraban, el tiempo necesario a dos amantes, para abrazarse furtivamente. Otro día sorprendió a Jorge Sand escribiendo a escondidas una carta. Otro día se fijó que en el saloncito donde Jorge Sand y Pagello habían tomado té, la noche anterior, solo había una taza. Lo que indicaba, inequívocamente, que habían bebido amarteladamente de una misma taza de té. Estas cosas pusieron terriblemente celoso al convaleciente poeta. Pero Jorge Sand se dio maña para convencerlo de que ella era una mujer adorable y de que él era un loco y un miserable al dudar de su lealtad. Y de que debía pedirle perdón de rodillas. Jorge Sand consiguió finalmente que Alfredo de Musset se marchase solo a Francia y la dejase gustar libremente la virilidad de Pagello. Más todavía, parece que Alfredo de Musset, alma cándida y buena, en una escena preparada por Jorge Sand con refinada astucia, unió antes de partir las manos de su ex amante y de su médico, diciéndoles: «Ustedes se aman. Sean felices». Lo cierto es que, después de su regreso a Francia, Musset mantuvo tierna correspondencia con Jorge Sand, quien le encargó que le mandase de París un frasco de Patchouli, su perfume preferido. Muy tarde comprendió Musset el rol que Jorge Sand le había hecho jugar. Antes, los amantes de Venecia cambiaron muchas cartas de recíprocas y románticas acusaciones. En las suyas Jorge Sand negó siempre haberse entregado a Pagello primero que Musset partiese. Se empeñó, además, en presentar a Musset como el que había arrancado a Pagello la confesión de su amor a ella. Y sostuvo, especialmente, que fue muy dueña de hacer lo que hizo, porque había dejado de pertenecer a Musset cuando abrió los brazos a Pagello. En una de sus cartas se encuentra esta pregunta: «¿Era yo tuya entonces?».

Yo creo que las gentes ilustres tienen, sin duda alguna, el mismo derecho de las gentes anónimas para que se respete la puerta de su corazón y de su dormitorio. Yo creo que no basta para descubrir así las intimidades espirituales y físicas de dos amantes la excusa de que se trata de dos escritores famosos. Pero carezco de la austeridad necesaria para abstenerme, por mi parte, de contribuir con un artículo de periódico a la notoriedad de esas intimidades.

Aspectos viejos y nuevos del futurismo[10]

El futurismo ha vuelto a entrar en ebullición. Marinetti, su sumo sacerdote, ha reanudado su pintoresca y trashumante vida de conferencias, andanzas, proclamas, exposiciones y escándalos. Algunos de sus discípulos y secuaces de las históricas campañas se han agrupado de nuevo en torno suyo.

El período de la guerra produjo un período de tregua del futurismo. Primero, porque sus corifeos se trasladaron unánimemente a las trincheras. Segundo, porque la guerra coincidió con una crisis en la facción futurista. Sus más ilustres figuras —Govoni, Papini, Palazzesch— se habían apartado de ella, menesterosos de libertad para afirmar su personalidad y su originalidad individual. Y estas y otras disidencias habían debilitado el futurismo y habían comprometido su salud. Mas, pasada la guerra, Marinetti ha podido reclutar nuevos adeptos en la muchedumbre de artistas jóvenes, ávidos de innovación y ebrios de modernismo. Y ha encontrado, naturalmente, un ambiente más propicio a su propaganda. El instante heroico es revolucionario en todo sentido.

Esta vez el futurismo se presenta más o menos amalgamado y confundido con otras escuelas artísticas afines: el expresionismo, el dadaísmo, etc. De ellas lo separan discrepancias de programa, de táctica, de retórica, de origen o, simplemente, de nombre. Pero a ellas lo une la finalidad renovadora, la bandera revolucionaria, todas estas facciones artísticas se fusionan bajo el común denominador de arte de vanguardia.

Hoy, el arte de vanguardia medra en todas las latitudes y en todos los climas. Invade las exposiciones. Absorbe las páginas artísticas de las revistas. Y hasta empieza a entrar de puntillas en los museos de arte moderno. La gente sigue obstinada en reírse de él. Pero los artistas de vanguardia no se desalientan ni se solivianta. No les importa ni siquiera que la gente se ría de sus obras. Les basta que se las compren. Y esto ocurre ya. Los cuadros futuristas, por ejemplo, han dejado de ser un artículo sin cotización y sin demanda. El público los compra. Unas veces porque quiere salir de lo común. Otras veces porque gusta de su cualidad más comprensible y externa: su novedad decorativa. No lo mueve la comprensión sino el snobismo. Pero en el fondo

---

10 *El Tiempo*, Lima, 3 de agosto de 1921; OC, v. 9, págs. 56-59; MT, tomo I, págs. 822-823.

este snobismo tiene el mismo proceso del arte de vanguardia. El hastío de lo académico, de lo viejo, de lo conocido. El deseo de cosas nuevas.

El futurismo es la manifestación italiana de la revolución artística que en otros países se ha manifestado bajo el título de cubismo, expresionismo, dadaísmo. La escuela futurista, al igual que esas escuelas, trata de universalizarse. Porque las escuelas artísticas son imperialistas, conquistadoras y expansivas. El futurismo italiano lucha por la conquista del arte europeo, en concurrencia con el cubismo hilarante, el expresionismo germano y el dadaísmo novísimo. Que a su vez viene a Italia a disputar al futurismo la hegemonía en su propio suelo.

La historia del futurismo es más o menos conocida. Vale la pena, sin embargo, resumirla brevemente.

Datan de 1906 los síntomas iniciales. El primer manifiesto fue lanzado desde París tres años más tarde. El segundo fue el famoso manifiesto contra el conocido «claro de Luna». El tercero fue el manifiesto técnico de la pintura futurista. Vinieron enseguida el manifiesto de la mujer futurista, el de la escultura, el de la literatura, el de la música, el de la arquitectura, el del teatro. Y el programa político del futurismo.

El programa político constituyó una de las desviaciones del movimiento, uno de los errores mortales de Marinetti. El futurismo debió mantenerse dentro del ámbito artístico. No porque el arte y la política sean cosas incompatibles. No. El grande artista no fue nunca apolítico. No fue apolítico el Dante. No lo fue Byron. No lo fue Victor Hugo. No lo es Bernard Shaw. No lo es Anatole France. No lo es Romain Rolland. No lo es Gabriel D'Annunzio. No lo es Máximo Gorki. El artista que no siente las agitaciones, las inquietudes, las ansias de su pueblo y de su época, es un artista de sensibilidad mediocre, de comprensión anémica. ¡Que el diablo confunda a los artistas benedictinos, enfermos de megalomanía aristocrática, que se clausuran en una decadente torre de marfil!

No hay, pues, nada que reprochar a Marinetti por haber pensado que el artista debía tener un ideal político. Pero sí hay que reírse de él por haber supuesto que un comité de artistas podía improvisar de sobremesa una doctrina política. La ideología política de un artista no puede salir de las asambleas de estetas. Tiene que ser una ideología plena de vida, de emoción, de humanidad y de verdad. No una concepción artificial, literaria y falsa. Y falso, literario y artificial era el programa político del futurismo. Y ni siquiera podía llamarse legítimamente futurista, porque estaba saturado de sentimiento conservador, malgrado su retórica revolucionaria. Además, era un programa local. Un programa esencialmente italiano. Lo que no se compaginaba con algo esencial en el movimiento: su carácter universal. No era congruente juntar a una doctrina artística de horizonte internacional con una doctrina política de horizonte doméstico.

Errores de dirección como éste sembraron, el cisma en el futurismo. El público creyó, por ello, en su fracaso. Y cree en él hasta ahora. Pero tendrá que rectificar su juicio.

Algunos iniciadores del futurismo —Papini, Govoni, Palazzeschi— no son ya futuristas oficiales. Pero continuarán siéndolo a su modo. No han renegado del futurismo; han roto con la escuela. Han disentido de la ortodoxia futurista.

El fracaso es, pues, de la ortodoxia, del dogmatismo; no del movimiento. Ha fracasado la desviada tendencia a reemplazar el academicismo clásico con un academicismo nuevo. No ha fracasado el fruto de una revolución artística. La revolución artística está en marcha. Son muchas sus exageraciones, sus destemplanzas, sus desmanes. Pero es que no hay revolución mesurada, equilibrada, blanda, serena, plácida. Toda revolución tiene sus horrores. Es natural que las revoluciones artísticas tengan también los suyos. La actual está, por ejemplo, en el período de sus horrores máximos.

Postimpresionismo y cubismo[11]

Esta época de compleja crisis política es también una época de compleja crisis artística. Aparecen en el arte conceptos y formas totalmente adversos a los conceptos y formas clásicos. El gusto del vulgo los rechaza irritados. Los recibe como una majadería o una extravagancia. Pero la aparición de estas escuelas es un fenómeno natural de nuestra época. No envejecen únicamente las formas políticas de una sociedad y una cultura; envejecen también sus formas artísticas. La decadencia y el desgaste de una época son integrales, unánimes. Veamos la interpretación spengleriana del arte moderno. Oswald Spengler dice que en la etapa final de una cultura «la existencia no tiene forma interior; el arte de la gran urbe es una costumbre, un lujo, un deporte, un excitante; los estilos se ponen de moda y varían rápidamente (rehabilitaciones, inventos caprichosos, imitaciones); no tienen ya contenido simbólico». Esta tesis de Spengler define muy bien las características del arte actual. Es casi un cuadro sintomatológico. En realidad, el arte se encuentra en un período de modas. En un período de imitaciones de motivos arcaicos y exóticos. El gusto de los artistas europeos es más versátil y tornadizo que nunca. Y se complace en la imitación de modelos remotos o de modelos extranjeros. La pintura y la música, por ejemplo, están impregnadas de orientalismo. Los colores y los ritmos rusos invaden París y Berlín, Londres y Roma. La pintura japonesa ejerce una extensa influencia sobre varios sectores del arte contemporáneo. Simultáneamente, otros sectores se tiñen densamente de primitivismo. Muchos artistas buscan a sus maestros y sus dechados entre los últimos prerrenacentistas. Otros se remontan a Cimabue y a Ghiotto. Sandro Botticelli, Fra Filippo Lippi, Pier della Francesca resultan extrañamente actuales. Asistimos a una valorización de su arte y sus obras. Y esta valorización no es artificial ni arbitraria. A mí, verbigracia, un cuadro de Botticelli me impresiona y place mucho más que un cuadro de Rafael. Si hubiese nacido hace cien años me habría acontecido lo contrario. En la escultura se nota una acentuada corriente de arcaísmo. Las estatuas modernas son, generalmente, hieráticas, rígidas, sintéticas. Acusan una marcada influencia de la escultura egipcia. En suma, las escuelas son múltiples; la inquietud de

11   *Variedades*, Lima (26 de enero de 1924); OC, v. 6, págs. 60-64; MT, tomo I, págs. 570-571.

los artistas es infinita; la moda es fugaz; la búsqueda es insaciable. ¿Hay que ver en todo esto, como Spengler, más que ninguna otra cosa, un síntoma del tramonto de la civilización occidental?

Uno de los *leaders* del arte de vanguardia, Francis Picabia, dice que la historia del arte se condensa en períodos de revolución y de conservación. A un período romántico sigue un período clásico. Un período romántico es tempestuoso, desordenado, caótico. Es, sincrónica y revueltamente, de destrucción y de construcción. Un período clásico, en cambio, es sereno, regular, apacible. Encierra un trabajo de pacífica elaboración y desarrollo de un estilo. Actualmente atravesamos un período romántico y revolucionario. Los artistas buscan una meta nueva. Las escuelas modernas son vías, rumbos, exploraciones.

En un artículo de *La Revista de Occidente*, Eugenio D'Ors conduce a sus lectores a otro punto de vista. Remarca la similitud y el parentesco que existe entre unas marqueterías de Fra Giovanni de Verona y muchos cuadros de ahora. Fra Giovanni de Verona, cuya lejana inspiración tenía raíces góticas, copiaba grupos de objetos del mundo inorgánico: un compás, un frasco, unos libros; una vihuela, un cono, unas gafas; una copa, una arena, un cráneo. Ahora se cultiva también, apasionadamente, la «naturaleza muerta». La «naturaleza muerta» de estos tiempos es menos austera, menos ascética que la de los tiempos de Fra Giovanni de Verona. Alguna vez el grupo se compone de una pieza de caza, un haz de espárragos, una botella. Pero, generalmente, el grupo es más simple: una botella, una manzana, un vaso. Picasso ha pintado varias veces una vihuela sobre una silla o sobre una mesa. ¿Qué buscan los artistas actuales en esta persistente producción de «naturalezas muertas»? Sería estólido atribuirles limitadamente una frívola adhesión a una moda. Esos artistas aprenden a ver y copiar la naturaleza de una manera nueva.

Las botellas, los vasos y las manzanas no han variado en cinco siglos; pero la sensibilidad de los hombres sí. Y el mundo exterior de un artista de hoy no se parece casi al mundo exterior de un artista del Renacimiento. La vida actual tiene elementos físicos absolutamente nuevos. Uno de ellos es la velocidad. El hombre antiguo marchaba lentamente, que es, según Ruskin, como Dios quiere que el hombre marche. El hombre contemporáneo viaja en automóvil y en aeroplano. Una época está separada pues de otra por hondas diferencias mentales, espirituales y físicas. Las escuelas artísticas actuales son un producto genuino de esta época y de su ambiente. Algunos críticos asignan un rol a la velocidad en la generación del impresionismo. Es absurdo, es cretino pretender que se pinte hoy como en los días del Tintoretto. Los artistas sienten y ven las cosas de otra manera. Las pintan, por eso, diversamente. Una necesidad superior, un mandato íntimo mueve a los artistas a la búsqueda de una forma y una técnica nuevas. Los *leaders*, los creadores de las escuelas extremistas dominan la técnica y los recursos académicos. Picasso tiene dibujos más puros y clásicos que los de Ingres y los de Rafael. Los más grandes artistas contemporáneos son, sin duda, los artistas de vanguardia. Archipenko, cuyas obras desconciertan y contrarían al vulgo, representa en la historia del arte mucho más que cualquier Benlliure, cuyas obras emocionan y satisfacen a ese mismo vulgo. Ningún artista ortodoxo de los últimos tiempos es comparable a Van Gogh, a Franz Marck, a Matisse, a Picasso y a otros artistas arbitrarios.

El proceso del arte moderno es, de otro lado, un proceso coherente, lógico, orgánico, bajo su apariencia desordenada y anárquica. El impresionismo, que dio al arte una orientación realista, exaltó el valor del color y de la luz y desconoció el valor de la línea. Las figuras y las cosas perdieron su contorno. El cubismo, desde este punto de vista, representó una reacción contra la vaguedad y la incorporeidad de las formas impresionistas. Se preocupó exclusivamente de los planos y de la línea. El postimpresionismo rectifica el error del impresionismo. Su esencia es la misma del impresionismo; pero su técnica no. Es una técnica corregida, revisada, que concede a la línea la misma categoría plástica que al color. El postimpresionismo, además, es sintetista. Es una de las manifestaciones de esa tendencia a la estilización y a la síntesis que domina el arte de hoy y que resucita algunas formas arcaicas.

Los artistas de las academias, los artistas oficialmente gloriosos, miran con un aire un poco desdeñoso el extremismo de estas escuelas y de estas sectas. Muchos de ellos, sin embargo, emplean en su arte elementos creados por esas sectas y esas escuelas. Sus obras contienen, más o menos diluido, algún ingrediente impresionista, cubista o sintetista. El gusto común rechaza hoy la *Venus* de Archipenko, como rechazó en otro tiempo la

Olimpia de Manet y el *Balzac* de Rodin. El arte es sustancial y eternamente heterodoxo. Y, en su historia, la herejía de hoy es casi seguramente el dogma de mañana.

Spengler sostiene que para que una verdad sea comprendida es indispensable una generación que nazca dotada de las disposiciones necesarias. Ortega y Gasset, en un remarcable artículo sobre la actitud de la generación actual ante el arte de vanguardia, llega, por otro camino, a la misma tesis. Dice que es natural que el público no comprenda absolutamente este arte. Se trata de un arte nuevo e insólito en su espíritu y en su materia, en su contenido y en su forma. El público, por eso, no lo discute: lo repudia integralmente.

El expresionismo y el dadaísmo[12]

El vulgo no cree que el arte dadaísta sea un arte defectuoso o un arte equivocado. Cree, radicalmente, que no es arte. Le niega todo derecho de ser calificado y clasificado como arte. El gusto del público está adaptado a una concepción más o menos clásica del arte; y el arte ultramoderno brota de una concepción absolutamente diversa. He citado, anteriormente, en mis notas relativas al postimpresionismo y cubismo, un certero juicio de Ortega y Gasset sobre este tema. Ortega y Gasset observa que, mientras el artista antiguo, ejercía el arte, hierática, religiosa y solemnemente, el artista nuevo lo ejerce alegre y gayamente. El artista antiguo se sentía un hierofante, un sacerdote. El artista nuevo se siente, más bien, un jugador, un juglar. El arte de nuestro tiempo tiende a asimilarse al espíritu del deporte. Los dadaístas piensan que la obra de una civilización, «el arte de la gran urbe es una costumbre, un lujo, un deporte, un excitante».

El arte ultramoderno quiere ser un arte sustancial y absolutamente nuevo. Un teórico del dadaísmo asegura que «el arte, tal vez, comienza hoy». Sostiene que el arte ha tenido hasta ahora una base práctica, consonantemente con la cultura y la educación utilitarias que lo han engendrado. Reclama para el arte una base puramente espiritual. Propugna un método abstracto, un método no práctico. Siente el arte «como una elaboración desinteresada, emanada de una conciencia superior del individuo, extraña a las cristalizaciones pasionales y a la experiencia vulgar».

Esto aparecerá muy grave, muy serio y muy filosófico. Pero es que esto pertenece a la teorización del dadaísmo; no a su ejercicio. El arte dadaísta es fundamentalmente humorista. Y es, al mismo tiempo, agudamente escéptico. Su escepticismo y su humorismo son dos de sus componentes sustantivos. Bajo este aspecto, el arte ultramoderno no es sino una fase del fenómeno relativista. El dadaísmo es festiva e integralmente nihilista: no cree en nada; no tiene ninguna fe ni siente su falta. Ribemont Dessaignes dice: «Dadá duda de todo». Uno de los manifiestos de Francis Picabia contiene estas frases: «Dadá no es nada, nada, nada. Dadá es como vuestras esperanzas: nada. Como vuestro paraíso: nada. Como vuestros ídolos: nada. Como vuestros hombres políticos: nada. Como vuestros héroes: nada. Como vuestros artis-

12 *Variedades*, Lima (2 de febrero de 1924); OC, v. 6, págs. 64-69; MT, tomo I, págs. 572-574.

tas: nada. Como vuestras religiones: nada». Y el poeta Tristán Tzara, *leader* y fundador del dadaísmo, agrega: «Dadá se transforma, afirma, dice al mismo tiempo lo contrario, grita, pesca con caña. Dadá es el camaleón del cambio rápido e interesado. Dadá está contra lo futuro. Dadá ha muerto. Dadá es idiota. ¡Viva Dadá! Dadá no es una escuela literaria».

Este lenguaje, lector, en primer lugar, te parecerá incoherente y, en segundo lugar, no te parecerá circunspecto. Y bien, el dadaísmo es incoherente y no es circunspecto. Tú añadirás que el dadaísmo es, además, infantil, insensato y estúpido. Y los dadaístas no tendrán el menor inconveniente en suscribir tu opinión. La oposición al dadaísmo tiene esta ventaja. En la época de advenimiento del romanticismo, del realismo, etc., los fautores de estas revoluciones polemizaban ardorosamente con sus adversarios. Los corifeos del dadaísmo, en cambio, se complacen en dar la razón a los suyos: «¿No comprendéis, verdad, lo que nosotros hacemos? Y bien, nosotros lo comprendemos menos todavía». La incoherencia, verbigracia, no es en el dadaísmo un defecto ni un exceso, sino un ingrediente, un elemento, un factor casi básico y esencial. No se puede ser dadaísta sin ser incoherente. La coherencia es propia de un método práctico. La coherencia se inspira en razones de comodidad y de utilidad. Y los dadaístas se proponen no subordinar a la comodidad ni a la utilidad su actividad estética.

El dadaísmo se complace, pues, en la incoherencia y en el desorden. Una greguería[13] —llamémosla así— de Picabia dice: «Los sentidos huelen a cebolla en las tardes». Y otra dice: «El más bello descubrimiento del hombre es el bicarbonato de soda».

Y veamos un ejemplo de poesía dadaísta:

Je suis dadá, a-dada-anada, anana.
Amanda n'avait q'un defaut...[14]

---

13 Pensamiento breve de sentido humorístico. La paternidad de las greguerías se atribuye a Ramón Gómez de la Serna (N. de OC).
14 Traducción literal:

Yo soy dada, a-dada-anada, anana.
Amanda no tenía más que un defecto

(N. de OC).

Todo esto es demasiado insólito, demasiado nuevo, demasiado disparatado. Pero todo esto es, asimismo, muy propio de nuestro tiempo. Este género de arte es como la música negra, como el box y como otras cosas actuales, un síntoma y un producto legítimos, peculiares y espontáneos de una civilización que se disuelve y que decae. El arte se vuelve deporte, se torna juego. Una poesía no tiene hoy más importancia que un tango. La poesía y el jazz band suelen acompañarse muy bien en este tiempo. Yo he oído en Roma a un poeta recitar sus versos acompañado al piano con música de foxtrot. Y el efecto de esta melopea snobista era bastante agradable.

No es sensato, por estos varios motivos, enfadarse dramáticamente contra los dadaístas. El hecho de no comprenderlos no autoriza a declararlos locos. El dadaísmo es un fruto de la época. No es una invención de Tristán Tzara y Francis Picabia. Muchas cosas, muchos elementos del dadaísmo son anteriores a la aparición oficial del dadaísmo, que no data sino de 1918. Muchas greguerías de Gómez de la Serna, por ejemplo, tienen un marcado sabor dadaísta. El dadaísmo no es una consecuencia de los dadaístas. Los *leaders* del dadaísmo, además, son gentes de talento, cuyo arte, en sus dosis mínimas, ha empezado ya a ser administrado al público por librerías y revistas. (*La Revista de Occidente* aloja, frecuentemente, la firma de Jean Cocteau.)

Internémonos más profundamente en el sentido del arte de hoy. Veamos, ante todo, qué es lo que separa el arte del siglo XIX y el arte del siglo XX. La característica del arte del siglo XIX es su orientación naturalista. El artista de esa orientación se sentía destinado a copiar la naturaleza, tal como la veía, sin dramatizarla y sin idealizarla. El arte se purgó, en esa época, de la retórica y la teatralidad antiguas. La escuela central del siglo XIX es la escuela impresionista, y el impresionismo es esencialmente naturalista y objetivista. Para el impresionismo, la obra de arte es una impresión de la naturaleza. El expresionismo tiene un punto de vista radicalmente antagónico y antitético. No es objetivista, sino subjetivista. El mundo de un artista expresionista es un mundo abstracto. Jorge Simmel, en su interesante ensayo sobre *El conflicto de la cultura moderna*, define hondamente la antítesis entre el impresionismo y el expresionismo. El tema de la obra de arte impresionista es lo que el modelo sugiere, lo que el modelo suscita en el espíritu del artista. El modelo, en el arte expresionista, deja de ser específicamente un modelo. Pasa de su categoría primaria y única a una categoría secundaria. En el expresionismo el eje del arte se desplaza del objeto al sujeto. El impresionismo es solo *impresión*. El expresionismo es solo *expresión*. Aquí reside toda la diferencia, toda la oposición entre uno y otro arte. Dentro del concepto vigente del arte, la forma es la expresión del contenido. Dentro del concepto novísimo, la forma es todo: es forma y es contenido al mismo tiempo. La forma resulta el único fin del arte.

Muchos cuadros de estas escuelas no intentan ser sino una armonía de colores y líneas. No representan absolutamente nada. No reproducen ninguna figura, ningún objeto. Son tan solo, repito, una composición caprichosa de líneas y de colores. ¿Anuncian e inician la tendencia a crear una pintura exclusivamente pictórica? A la pintura han estado, más o menos, mezcladas siempre la arquitectura, la poesía, la literatura. Es probable que ahora la pintura trate de ser únicamente pintura. ¿No se advierte, acaso, el mismo rumbo en la ciencia: en la historia, la biología, la física? Las nuevas corrientes artísticas son, como la teoría de la relatividad, un fruto de esta estación histórica.

Varias fases del arte ultramoderno concuerdan con otras fases del espíritu y la mentalidad contemporáneas. El dadaísmo, por ejemplo, propugna la siguiente tesis artística: «Asesinemos la inteligencia si queremos comprender la belleza». Desde este punto de vista, el dadaísmo resulta un fenómeno congruente con otros fenómenos actuales. Constituye una reacción contra el intelectualismo del arte de los últimos tiempos. El arte, a causa de la influencia del período racionalista, llegó a este siglo demasiado intelectualizado. Y el arte no debe ser pensamiento, sino sentimiento; no debe ser creación consciente, sino creación subconsciente. El dadaísmo, en el lenguaje ultraísta y extremista que le es propio, arremete contra toda servidumbre del arte a la inteligencia. Y este movimiento coincide con el tramonto del pensamiento racionalista.

La raíz de esta extraña flora artística es, evidentemente, la misma de la nueva flora científica y metafísica. Un hombre de pensamiento no puede, pues, recibir únicamente con una risa idiota las extravagancias y los disparates del arte de vanguardia. Aunque tenga todo el aire de cosas grotescas, se trata, en realidad, de cosas serias.

Algunas ideas, autores y escenarios del arte moderno[15]

El escenario teatral es uno de los escenarios más atrayentes y más vastos de esta época y de sus conflictos. Todas las inquietudes, los contrastes y los problemas de la historia contemporánea se reproducen en el mundo del teatro. El teatro, como el arte en general, carece actualmente de un estilo, de un rumbo, de un espíritu único. Se descompone, como la fatigada civilización occidental, en diversos estados de ánimo. Se fragmenta en numerosas escuelas, formas y tendencias. Semeja una inmensa feria cosmopolita donde toda moda es precaria, toda filosofía es efímera y todo color es tornadizo.

No se puede encerrar dentro de dos o tres definiciones el carácter de este teatro. Y es que no tiene un carácter sino varios que se repelen y se confunden, se mezclan y se excluyen. Hay que explorar, una por una, sus facetas. Aunque entonces se corre el riesgo de extraviarse en un laberinto de teorías y de búsquedas y de senderos: teatro sintético, teatro experimental, teatro de color, etc.

Pero, entre tanta complejidad y tanta movilidad, aparece siempre algún porfiado elemento esencial, alguna línea persistente, alguna nota constante. El humor y el pensamiento de la humanidad occidental son los mismos en el teatro que en la física y la metafísica. A Pirandello, por ejemplo, se le clasifica como un relativista. Por el teatro, como por la filosofía, pasa actualmente una onda de escepticismo, de subjetivismo y de humorismo. El gesto del teatro moderno es predominantemente burlón, irónico, agridulce, satírico; su lenguaje es paradójico; su actitud es sofista. Sus ingredientes mentales son negativos, corrosivos, disolventes.

Un vínculo espiritual, invisible pero evidente, une el teatro de Pirandello y las coordenadas de Einstein. Las novelas y las comedias pirandellianas contienen todas las fases de la filosofía del punto de vista. La novedad de la actitud estética de Pirandello reside en su relativismo y en su subjetivismo radicales. Los novelistas y dramaturgos realistas, al darnos sus obras, nos aseguraban graves y un poco hieráticos: «Así es la vida». Pirandello, en cambio, nos dice dubitativo: «Así es, si os parece» (Cosí e se vi pare).

---

15 *Variedades*, Lima (22 de marzo de 1924); OC, v. 6, págs. 183-188; MT, tomo I, págs. 589-591.

Pirandello, al mismo tiempo, nos conduce a una revisión de nuestras ideas sobre la ficción y la realidad. En su literatura, los confines entre la realidad y la ficción se borran mágicamente. Pirandello se obstina en convencernos de la realidad de la ficción y, sobre todo, de la ficción de la realidad. Los personajes de la fantasía no son menos reales que los personajes de carne y hueso. Son a veces más reales, más interesantes, más trascendentes. «¡Se nace a la vida de tantos modos!» –dice un personaje pirandelliano–. «La naturaleza se sirve del instrumento de la fantasía humana para proseguir su obra de creación. Y quien nace merced a esta actividad creadora que tiene su sede en el espíritu del hombre, está destinado por naturaleza a una vida mucho más dilatada que la del que nace en el regazo mortal de una mujer. Quien nace personaje, quien tiene la ventura de nacer personaje vivo, puede mofarse hasta de la muerte porque no muere jamás. Morirá el hombre, el escritor, instrumento mortal de la creación; pero la criatura es imperecedera. Y para vivir eternamente no tiene apenas necesidad de prendas extraordinarias ni de consumar prodigios. ¿Quiere usted decirme quién era Sancho Panza? ¿Quiere usted decirme quién era don Abundio? Y, no obstante, viven eternos porque –gérmenes vivos– tuvieron la ventura de hallar una matriz fecunda, una fantasía que supo criarlos y nutrirlos.»

Para Unamuno –cuya afinidad con Pirandello no es sino estética– Don Quijote es tan real como Cervantes, Hamlet y Macbeth tanto como Shakespeare. Pirandello y Unamuno nos enseñan que el personaje es el objeto central de la novela y del teatro. La vida está en el personaje, no en su ambiente, ni en otras cosas circundantes y externas. El personaje vivo, palpitante, anima la obra que lo contiene y el mundo que lo rodea. Un personaje puede parecer arbitrario e inverosímil y ser verdadero. La fortuna y el acierto del teatro no consisten en la creación de personajes aparentemente humanos y verosímiles, sino en la creación de personajes vivos. El teatro, la literatura en general, están, por esto, poblados de fantoches y de sombras. La duración de esos fantoches y de estas sombras es efímera y contingente. Depende de una moda, una costumbre o alguna onda pasajera. Los personajes que consiguen vivir son, en cambio, eternos. Y eternizan a los hombres que los imaginaron. Hay también personajes abortados, personajes frustrados. *El señor de Pigmalión* de Jacinto Grau, me parece uno de éstos. En esta pieza de Jacinto Grau —que acabo de leer a propósito de haber flotado su nombre en algunas críticas españolas acerca del teatro pirandelliano— el personaje es un personaje frustrado y, por ende, el drama es un drama frustrado también. Todo es ahí larvado. Se trata, tal vez, de un personaje y de un drama en busca de autor.

A través de estos autores y estas obras se constata en el teatro moderno un hecho esencial: la defunción de la escuela realista. La orientación naturalista y objetivista no ha tenido un largo dominio sobre el arte. Ha pretendido mantener en un injusto ostracismo a la fantasía y obligar a los artistas a buscar sus modelos y sus temas solo en la naturaleza y en la vida tales como las perciben sus sentidos.

El realismo ha empobrecido así a la naturaleza y a la vida. Por lo menos ha hecho que los hombres las declaren limitadas, monótonas y aburridas y las desalojen, finalmente, de sus altares para restaurar en ellos a la fantasía. Oscar Wilde sostenía que la vida y la naturaleza son discípulas del arte; que el arte es el modelo de naturaleza y de la vida. Su bizarra tesis estética era precursora de las tesis actuales. Hoy la ficción reivindica su libertad y sus fueros. La ficción no es anterior ni superior a la realidad como sostenía Oscar Wilde; ni la realidad es anterior ni superior a la ficción como quería la escuela realista. Lo verdadero es que la ficción y la realidad se modifican recíprocamente. El arte se nutre de la vida y la vida se nutre del arte. Es absurdo intentar incomunicarlos y aislarlos. El arte no es acaso sino un síntoma de plenitud de la vida.

Los errores del realismo, en el teatro como en la novela, han sido graves. Pero un balance exclusivamente negativo y pasivo de la escuela realista sería incompleto e injusto. El realismo ha renovado la técnica y el método teatrales. En la mayoría de las obras realistas subsiste la técnica vieja. El eje de la obra es un «asunto». La intensidad del asunto aumenta a medida que las escenas transcurren. Y culmina en la escena final que es la escena del desenlace. Este método era propio del viejo teatro clásico. El teatro realista lo conservó, sin embargo, durante mucho tiempo. Los temas y los materiales del teatro fueron sustituidos; su arquitectura no. El proceso, los personajes, el mundo de una pieza teatral seguían subordinados a un método artificial. Más, ahora que el realismo está agotado y superado, aparecen una técnica y un método verdaderamente realistas. En el teatro moderno, las escenas tienen vida aislada. Un drama, una comedia, son un conjunto de episodios desconectados y desligados. La vida de un personaje no absorbe ni anula la vida de los demás. En la ficción, como en la realidad, cada personaje, cada individuo vive su propio drama. En un drama, por consiguiente, se mezclan y combinan los elementos de varios dramas más o menos simultáneos y tangentes. El teatro ha ganado así en agilidad y movilidad. Las obras transcurren más rápida y animadamente. Cada uno de sus fragmentos, cada una de sus partículas parece poseer interés independiente. Todo esto, de otra parte, coincide con las exigencias de la sensibilidad moderna. El hombre contemporáneo no resiste las viejas facturas teatrales. Necesita un espectáculo más excitante, más fluido. Le gustan la estilización y la síntesis. Se acentúa y se extiende en el teatro, con este motivo, la tendencia a lo esquemático. Los futuristas han inventado un género sintético. Las obras de este género son verdaderos «comprimidos» teatrales. No pasa en el teatro sintético, como en el guignol, que la acción se desarrolla fulminante y cinematográficamente, sino que la acción en sí es breve, instantánea.

El teatro no solo se renueva radicalmente en su literatura y en su técnica literaria, sino también en sus elementos y en su técnica escénicas. Junto con el concepto de la creación se rectifica el concepto de la interpretación. El regisseurs[16] adquiere tanta importancia y dignidad artísticas como el autor. Los nombres de Copeau, Max Reinhardt y Stanislavsky no son menos mundiales que los de Bernard Shaw y Wedekind. Y el teatro de algunos países tiene mejores regisseurs que autores. Francia, por ejemplo, está representada en la historia del teatro contemporáneo por Antoine Copeau más que por Capus o Bataille. Ningún autor francés ocupa aún el rango de Shaw, de Pirandello, de Chejov. El teatro francés aparece construido con materiales deleznablemente temporales. Es un teatro burgués por antonomasia. Sus elementos esenciales son el adulterio, el dinero, los negocios. El adulterio, sobre todo, ha preocupado obstinadamente a los autores de París. Una de las nuevas y últimas piezas francesas —*Le cocu magnifique*,[17] de Crommelynk— anuncia, finalmente, una reacción del teatro francés contra los cuernos, como motivo

---

16   Director (N. de OC).
17   El cornudo estupendo (N. de OC).

dramático. El personaje de esta obra es un marido que, exasperado por la duda y el temor de que su mujer lo engañe, quiere que lo engañe al menos con su conocimiento y por su voluntad. Pero a este marido le toca una mujer honesta, sin disposiciones espirituales ni físicas para la infidelidad. Y, llena de náusea de su marido y de sus amantes, se escapa con un boyero, con un hombre rústico, primitivo y palurdo a quien suplica: «Prométeme que te podré ser fiel». Esta comedia y esta frase marcan, evidentemente, en el teatro, el principio de un período de decadencia del adulterio.

La revolución y la inteligencia. El grupo Clarté[18]

Los dolores y los horrores de la gran guerra han producido una eclosión de ideas revolucionarias y pacifistas. La gran guerra no ha tenido sino escasos y mediocres cantores. Su literatura es pobre, ramplona y oscura. No cuenta con un solo gran monumento. Las mejores páginas que se han escrito sobre la guerra mundial no son aquéllas que la exaltan, sino aquéllas que la detractan. Los más altos escritores, los más hondos artistas han sentido, casi unánimemente, una aguda necesidad de denunciarla y maldecirla como un crimen monstruoso, como un pecado terrible de la humanidad occidental. Los héroes de las trincheras no han encontrado cantores ilustres. Los portavoces de su gloria, desprovistos de todo gran acento poético, han sido periodistas y funcionarios. Poincaré —un abogado, un burócrata— ¿no es acaso el cantor máximo de la victoria francesa? La contienda última —contrariamente a lo que dicen los escépticos— no ha significado un revés para el pacifismo. Sus efectos y sus influencias han sido, antes bien, útiles a las tesis pacifistas. Esta amarga prueba no ha disminuido al pacifismo; lo ha aumentado. Y, en vez de desesperarlo, lo ha exasperado. (La guerra, además, fue ganada por un predicador de la paz: Wilson. La victoria tocó a aquellos pueblos que creyeron batirse porque esta guerra fuese la última de las guerras.) Puede afirmarse que se ha inaugurado un período de decadencia de la guerra y de decadencia del heroísmo bélico, por lo menos en la historia del pensamiento y el arte. Ética y estéticamente, la guerra ha perdido mucho terreno en los últimos años. La humanidad ha cesado de considerarla bella. El heroísmo bélico no interesa como antes a los artistas. Los artistas contemporáneos prefieren un tema opuesto y antitético: los sufrimientos y los horrores bélicos. *El fuego* quedará, probablemente, como la más verídica crónica de la contienda. Henri Barbusse como el mejor cronista de sus trincheras y sus batallas.

La inteligencia ha adquirido en suma, una actitud pacifista. Pero este pacifismo no tiene en todos sus adherentes las mismas consecuencias. Muchos intelectuales creen que se puede asegurar la paz al mundo a través de la ejecución del programa de Wilson. Y aguardan resultados mesiánicos de la Sociedad de las Naciones. Otros intelectuales piensan que el viejo orden

---

18   *Variedades*, Lima (5 de abril de 1924); OC, v. 1, págs. 152-156; MT, tomo I, págs. 989-991.

social, dentro del cual son fatales la paz armada y la diplomacia nacionalista, es impotente e inadecuado para la realización del ideal pacifista. Los gérmenes de la guerra están alojados en el organismo de la sociedad capitalista. Para vencerlos es necesario, por consiguiente, destruir este régimen cuya misión histórica, de otro lado, está ya agotada. El núcleo central de esta tendencia es el grupo *clartista* que acaudilla, o, mejor dicho, representa Henri Barbusse.

Clarté, en un principio, atrajo a sus rangos no solo a los intelectuales revolucionarios sino también a algunos intelectuales estacionados en el ideario liberal y democrático. Pero éstos no pudieron seguir la marcha de aquéllos. Barbusse y sus amigos se solidarizaron cada vez más con el proletariado revolucionario. Se mezclaron, por ende, a su actividad política. Llevaron a la Internacional del Pensamiento hacia el camino de la Internacional Comunista. Ésta era la trayectoria fatal de Clarté. No es posible entregarse a medias a la revolución. La revolución es una obra política. Es una realidad concreta. Lejos de las muchedumbres que la hacen, nadie puede servirla eficaz y válidamente. La labor revolucionaria no puede ser aislada, individual, dispersa. Los intelectuales de verdadera filiación revolucionaria no tienen más remedio que aceptar un puesto en una acción colectiva. Barbusse es hoy un adherente, un soldado del Partido Comunista Francés. Hace algún tiempo presidió en Berlín un congreso de antiguos combatientes. Y desde la tribuna de este congreso dijo a los soldados franceses del Ruhr que, aunque sus jefes se lo ordenasen, no debían disparar jamás contra los trabajadores alemanes. Estas palabras le costaron un proceso y habría podido costarle una condena. Pero pronunciarlas era para él un deber político.

Los intelectuales son, generalmente, reacios a la disciplina, al programa y al sistema. Su psicología es individualista y su pensamiento es heterodoxo. En ellos, sobre todo, el sentimiento de la individualidad es excesivo y desbordante. La individualidad del intelectual se siente casi siempre superior a las reglas comunes. Es frecuente, en fin, en los intelectuales el desdén por la política. La política les parece una actividad de burócratas y de rábulas. Olvidan que así es tal vez en los períodos quietos de la historia, pero no en los períodos revolucionarios, agitados, grávidos, en que se gesta un nuevo estado social y una nueva forma política. En estos períodos la política deja de ser oficio de una rutinaria casta profesional. En estos períodos la política rebasa los niveles vulgares e invade y domina todos los ámbitos de la vida de la humanidad. Una revolución representa un grande y vasto interés humano. Al triunfo de ese interés superior no se oponen nunca sino los prejuicios y los privilegios amenazados de una minoría egoísta. Ningún espíritu libre, ninguna mentalidad sensible, puede ser indiferente a tal conflicto. Actualmente, por ejemplo, no es concebible un hombre de pensamiento para el cual no exista la cuestión social. Abundan la insensibilidad y la sordera de los intelectuales a los problemas de su tiempo; pero esta insensibilidad y esta sordera no son normales. Tienen que ser clasificadas como excepciones patológicas. «Hacer política —escribe Barbusse— es pasar del sueño a las cosas, de lo abstracto a lo concreto. La política es el trabajo efectivo del pensamiento social; la política es la vida. Admitir una solución de continuidad entre la teoría y la práctica, abandonar a sus propios esfuerzos a los realizadores, aunque sea concediéndoles una amable neutralidad, es desertar de la causa humana.»

Tras de una aparente repugnancia estética de la política se disimula y se esconde, a veces, un vulgar sentimiento conservador. Al escritor y al artista no les gusta confesarse abierta y explícitamente reaccionarios. Existe siempre cierto pudor intelectual para solidarizarse con lo viejo y lo caduco. Pero, realmente, los intelectuales no son menos dóciles ni accesibles a los prejuicios y a los intereses conservadores que los hombres comunes. No sucede, únicamente, que el poder dispone de academias, honores y riquezas suficientes para asegurarse una numerosa clientela de escritores y artistas. Pasa, sobre todo, que a la revolución no se llega solo por una vía fríamente conceptual. La revolución más que una idea, es un sentimiento. Más que un concepto, es una pasión. Para comprenderla se necesita una espontánea actitud espiritual, una especial capacidad psicológica. El intelectual, como cualquier idiota, está sujeto a la influencia de su ambiente, de su educación y de su interés. Su inteligencia no funciona libremente. Tiene una natural inclinación a adaptarse a las ideas más cómodas; no a las ideas más justas. El reaccionarismo de un intelectual, en una palabra, nace de los mismos móviles y raíces que el reaccionarismo de un tendero. El lenguaje es diferente; pero el mecanismo de la actitud es idéntico.

Clarté no existe ya como esbozo o como principio de una Internacional del Pensamiento. La Internacional de la Revolución es una y única. Barbusse lo ha reconocido dando su adhesión al comunismo. Clarté subsiste en Francia como un núcleo de intelectuales de vanguardia, entregado a un trabajo de preparación de una cultura proletaria. Su proselitismo crecerá a medida que madure una nueva generación. Una nueva generación que no se contente con simpatizar en teoría con las reivindicaciones revolucionarias, sino que sepa, sin reservas mentales, aceptarlas, quererlas y actuarlas. Los clartistas, decía antes Barbusse, no tienen lazos oficiales con el comunismo; pero constatan que el comunismo internacional es la encarnación viva de un sueño social bien concebido. Clarté ahora no es sino una faz, un sector del partido revolucionario. Significa un esfuerzo de la inteligencia por entregarse a la revolución y un esfuerzo de la revolución por apoderarse de la inteligencia. La idea revolucionaria tiene que desalojar a la idea conservadora no solo de las instituciones sino también de la mentalidad y del espíritu de la humanidad. Al mismo tiempo que la conquista del poder, la Revolución acomete la conquista del pensamiento.

Poetas nuevos y poesía vieja[19]

Los juegos florales me han comunicado con la nueva generación de poetas peruanos. Mis andanzas y mis estudios cosmopolitas me tenían desconectado de las cosas y de las emociones que aquí se riman. Hoy no me creo todavía muy enterado de la calidad ni del número de los poetas jóvenes; pero sí de la temperatura y del humor de su poesía. Naturalmente los juegos florales no han atraído a todos los poetas nuevos. Los más íntimos, los más recatados, los más originales, les han rehusado hurañamente su contribución.

Parcialmente comprendo y comparto el sentimiento que los ha alejado de la fiesta. Los juegos florales son una ceremonia provinciana, cursi, medioeval. Aquí resultan, además, una costumbre extranjera y postiza. Me explico que su coreografía anacrónica no seduzca a todos los poetas. El fallo del jurado último no debe ser tomado, por consiguiente, como un juicio sumario sobre la poesía de la última generación.

Fuera de los juegos florales he conocido varios poetas que merecen ser tratados de otra suerte. Sobre ninguno de ellos se puede decir aún una palabra definitiva. Sus personalidades están en formación. Pero nos han dado ya algunas anticipaciones muy nobles de su porvenir. Luis Berninzone posee una fantasía poderosa que no necesita sino encontrar una forma menos retórica y un gusto menos ornamental. Armando Bazán, que apenas si ha tenido algún furtivo contacto con el público, es ya un intérprete hondo del sentimiento trágico de la vida. Juan María Merino Vigil acusa en sus versos y en su prosa un temperamento lírico y panteísta de insólitos matices. Juan Luis Velásquez, niño-poeta o poeta-niño, tiene la divina incoherencia de los inspirados. Hay en su pequeño libro algunos bellos disparates y dos o tres notas admirables. Jacobo Hurwitz no debe ser juzgado por su incipiente libro, que contiene, sin embargo, algunas emociones originales y sutiles. Magda Portal es algo muy raro y muy precioso en nuestra literatura: una poetisa. Mario Chávez gusta del funambulismo agresivo y pintoresco de los futuristas. Su poesía es un cohete de luces polícromo y estridente. En torno mío se habla mucho y muy bien de Juan José Lora, inédito hasta ahora. Y,

---

19 *Mundial*, Lima, 24 de octubre de 1924; OC, v. 11, págs. 15-19; MT, tomo I, págs. 285-287.

probablemente, el número de los poetas de esta generación es mayor aún. Yo no intento enumerarlos ni calificarlos a todos en mi elenco. No nos faltan poetas nuevos. Lo que nos falta, más bien, es nueva poesía. Los juegos florales reunieron, sobre la mesa del jurado, un muestrario exiguo de baratijas sentimentales, de ripios vulgares y de trucos desacreditados. La monotonía de este paisaje poético movió, sin duda, a Luis Alberto Sánchez a negar en su vigoroso discurso que la tristeza sea el elemento esencial de nuestra poesía. Esta poesía, dice Sánchez, no es triste sino melancólica. Triste es Vallejo; pero no Ureta. Yo agrego que, más que melancólico, el tono de nuestra poesía es hipocondríaco. Pero no acepto la tesis de que estos versos sean extraños al ambiente. No es cierto que nuestra gente sea alegre. Aquí no hay ni ha habido alegría. Nuestra gente tiene casi siempre un humor aburrido, asténico y gris. Es jaranera pero no jocunda. La jarana es una de las formas de su astenia. Nos falta la euforia, nos falta la juventud de los occidentales. Somos más asiáticos que europeos. ¡Qué vieja, qué cansada, parece esta joven tierra sudamericana al lado de la anciana Europa! No es posible saberlo, no es posible sentirlo, sino cuando, en un ambiente occidental, confrontamos nuestra psicología con la psicología europea. El europeo tiene una espontánea aptitud orgánica para creer que la vida es bella; nosotros para suponerla triste, aburrida, pesada. «La vita e bella e degna di essere magnificamente vissuta» dice D'Annunzio y su frase refleja el optimismo de su pueblo apasionado, voluptuoso y panteísta. El criollo es insensible a la ingenuidad de los *lieder* alemanes y escandinavos. No entiende la efusión, la plenitud con que el europeo se entrega íntegro, sin reserva a la alegría y al placer de una fiesta. Tampoco sabe que el europeo con la misma efusión y la misma plenitud se da entero a la vida. Aquí la embriaguez es melancólica o pendenciera y los borrachos, sin saber por qué, lloran o riñen. Aunque una convención literaria y ridícula nos anexe a la raza latina —¡latinos, nosotros!— nuestra alma amarilla o cetrina no fraternizará jamás con el alma blonda de los occidentales. Nunca comprenderemos el valor eufórico del cielo azul ni de los verdes racimos del Latium. Hasta la voluptuosidad, hasta el placer son aquí un poco malhumorados y descontentos. Eros es regañón y agridulce. Nuestra gente, parece, casi siempre fastidiada, desalentada, nostálgica. Flotan los chistes sobre una laguna enferma, sobre una palude de tedio.

La tristeza, como todas las cosas, tiene sus calidades y sus jerarquías. Nuestra gente padece de una tristeza superficial e insípida. Por eso, Luis Alberto, la llamamos melancolía. Por la literatura y la vida europeas ha pasado una gélida ráfaga de pesimismo y de desesperanzas. Andreiev, Gorki, Block, Barbusse, son tristes. El mismo Pirandello, en su actitud escéptica y relativista, también lo es. El humorismo y el escepticismo contemporáneos son amargos. Aparecen como la sonrisa de un alma desencantada. Pero los criollos no son tristes así. No son tampoco desesperada, trágica, wertherianamente tristes. Nuestra poesía no ha destilado, por eso, el acre zumo, las «gotas amargas» de la poesía de José Asunción Silva; las raíces de la melancolía criolla, sobre todo de la melancolía limeña, no son muy profundas ni muy excelsas. Sus gérmenes son la pobreza, la anemia, la limitación, el provincianismo del ambiente. La gente tiene aquí muy modestos horizontes espirituales y materiales. Y es, en parte, por esta causa trivial, que se aburre y bosteza. Está además demasiado nutrida de malas lecturas españolas. Abundan en nuestra poesía mediocres rapsodias de motivos musicales flamencos o castellanos. El clima y la meteorología deben influir también en esta crónica depresión de las almas. La melancolía peruana es la neblina persistente e invencible de un trópico sin gran Sol y sin grandes tempestades. El Perú no es solo Lima; en el Perú hay como en otros países, ortos y tramontos suntuosos, cielos azules, nieves cándidas, etc. Pero Lima da el ejemplo e impone las modas. Su irradiación sobre la vida espiritual de las provincias es intensa y constante. Solo los temperamentos fuertes —César Vallejo, César Rodríguez, etc.— saben resistir a su influencia mórbida. Finalmente, y no será acaso esta melancolía un simple producto biliar? «En el amor y en otras cosas de menor cuantía todo depende de la digestión» dice Luis C. López. Lo evidente es que vivimos dentro de un círculo vicioso. La poesía melancólica aburre a la gente y el aburrimiento de la gente segrega poesía melancólica. A algunos de nuestros poetas les convendría confesarse con un médico y, como en los versos de Silva, decirle: «Doctor, un desencanto de la vida, etc.». El médico les daría, también como en los versos de Silva, varios consejos higiénicos y un diagnóstico doloroso.

Es cierto que el mundo moderno anda neurasténico y un poco cansado, pero la neurastenia de las grandes urbes es de otro género y es además muy compleja, muy honda y muy pintoresca. La neurastenia de nuestra gente es artificial y monótona. Su cansancio es el cansancio de los que no han hecho nada. Y no es el caso de hablar de modernismo. El modernismo no es solo una cuestión de forma, sino, sobre todo, de esencia. No es modernista el que se contenta de una audacia o una arbitrariedad externas de sintaxis o de metro. Bajo el traje huachafamente nuevo, se siente intacta la vieja sustancia. ¿Para qué trasgredir la gramática si los ingredientes espirituales de la poesía son los mismos de hace veinte o cincuenta años? «Il faut être absolument moderne», como decía Rimbaud; pero hay que ser moderno espiritualmente. Aquí se respira, generalmente, en los dominios del arte y la inteligencia, un pasadismo incurable y enfermizo. Nuestros poetas se refugian, voluptuosamente, en la evocación y en la nostalgia más pueriles, como si su contorno actual careciese de emoción y de interés. No osan domar la belleza sino cuando la suponen suficientemente doméstica. El futurismo, el dadaísmo, el cubismo, son en las grandes urbes un fenómeno espontáneo, un producto genuino de la vida. El estilo nuevo de la poesía es cosmopolita y urbano. Es la espuma de una civilización ultrasensible y quintaesenciada. No es asequible por ende a un ambiente provinciano. Es una moda que no encuentra aquí los elementos necesarios para aclimatarse. Es el perfume, es el efluvio lírico del espíritu humorista, escéptico, relativista de la decadencia burguesa. Esta poesía, sin solemnidad y sin dramaticidad, que aspira a ser un juego, un deporte, una pirueta, no florecerá entre nosotros.

No es tampoco el caso de hablar de decadencia de la poesía peruana. No decae sino lo que alguna vez ha sido grande. Y una rápida investigación nos persuadirá de que la poesía de ayer no era mejor que la poesía de hoy. Los poetas de hoy no usan como los de ayer, unas melenas muy largas y unas camisas muy sucias. Su higiene y su estética han ganado mucho. Las brisas y los barcos de occidente traen un polen nuevo. Algunos artistas de la nueva generación comprenden ya que la torre de marfil era la triste celda de un alma exangüe y anémica. Abandonan el ritornello gris de la melancolía, y se aproximan al dolor social que les descubrirá un mundo menos finito. De estos artistas podemos esperar una poesía más humana, más fecunda, más espontánea, más biológica.

Pasadismo y futurismo[20]

Luis Alberto Sánchez y yo hemos constatado recientemente que uno de los ingredientes, tanto espirituales como formales, de nuestra literatura y nuestra vida es la melancolía. Bien. Pero otro, menos negligible tal vez, es el pasadismo. Estos elementos no coinciden arbitraria o casualmente. Coinciden porque son solidarios, porque son consustanciales, porque son consanguíneos. Son dos aspectos congruentes de un solo fenómeno, dos expresiones mancomunadas de un mismo estado de ánimo. Un hombre aburrido, hipocondríaco, gris, tiende no solo a renegar el presente y a desesperar del porvenir sino también a volverse hacia el pasado. Ninguna ánima, ni aun la más nihilista, se contenta ni se nutre únicamente de negaciones. La nostalgia del pasado es la afirmación de los que repudian el presente. Ser retrospectivos es una de las consecuencias naturales de ser negativos. Podría decirse, pues, que la gente peruana es melancólica porque es pasadista y es pasadista porque es melancólica.

Las preocupaciones de otros pueblos son más o menos futuristas. Las del nuestro resultan casi siempre tácita o explícitamente pasadistas. El futuro ha tenido en esta tierra muy mala suerte y ha recibido muy injusto trato. Un partido de carne, mentalidad y traje conservadores fue apodado partido futurista. El diablo se llevó en hora buena a esa facción estéril, gazmoña, impotente. Mas la palabra «futurista» quedó desde entonces irremediablemente desacreditada. Por eso, no hablamos ya de futurismo sino, aunque suene menos bien, de porvenirismo. Al futuro lo hemos difamado temerariamente atribuyéndole relaciones y concomitancias con la actitud política de la más pasadista de nuestras generaciones.

El pasadismo que tanto ha oprimido y deprimido el corazón de los peruanos es, por otra parte, un pasadismo de mala ley. El período de nuestra historia que más nos ha atraído no ha sido nunca el período incaico. Esa edad es demasiado autóctona, demasiado nacional, demasiado indígena para emocionar a los lánguidos criollos de la república. Estos criollos no se sienten, no se han podido sentir, herederos y descendientes de lo incásico. El respeto a lo incásico no es aquí espontáneo sino en algunos artistas y arqueólogos. En los demás es, más bien, un reflejo del interés y de la cu-

20 *Mundial*, Lima, 31 de octubre de 1924; OC, v. 11, págs. 20-24; MT, tomo I, págs. 287-289.

riosidad que lo incásico despierta en la cultura europea. El virreinato, en cambio, está más próximo a nosotros. El amor al virreinato le parece a nuestra gente un sentimiento distinguido, aristocrático, elegante. Los balcones moriscos, las escalas de seda, las «tapadas», y otras tonterías, adquieren ante sus ojos un encanto, un prestigio, una seducción exquisitas. Una literatura decadente, artificiosa, se ha complacido de añorar, con inefable y huachafa ternura, ese pasado postizo y mediocre. Al gracejo, a la coquetería de algunos episodios y algunos personajes de la colonia, que no deberían ser sino un amable motivo de murmuración, les ha sido conferidos por esa literatura un valor estético, una jerarquía espiritual, exorbitantes, artificiales, caprichosos. Los temas y los dramatis personae del virreinato no han sido abandonados a los humoristas a quienes pertenecían, por antonomasia, sus motivos cómicos y sus motivos galantes y casanovescos. Don Ricardo Palma hizo de ellos un uso adecuado e inteligente, contándonos con su malicia y su donaire limeños, las travesuras de los virreyes y de su clientela. *La calesa de la Perricholi*, que Antonio Garland ha traducido con fino esmero y gusto gentil es otra pieza que se mantiene dentro de los mismos límites discretos. Toda esa literatura estaba y está muy bien. La que está mal es esa otra literatura nostálgica que evoca con unción y gravedad las aventuras y los chismes de una época sin grandeza. El fausto, la pompa colonial son una mentira. Una época fastuosa, magnífica, no se improvisa, no nace del azar. Menos aún desaparece sin dejar huellas. Creemos en la elegancia de la época «rococó» porque tenemos de ella, en los cuadros de Watteau y Fragonard, y en otras cosas más plásticas y tangibles, preciosos testimonios físicos de su existencia. Pero la colonia no nos ha legado sino una calesa, un caserón, unas cuantas celosías y varias supersticiones. Sus vestigios son insignificantes. Y no se diga que la historia del virreinato fue demasiado fugaz ni Lima demasiado chica. Pequeñas ciudades italianas guardan, como vestigio de trescientos o doscientos años de historia medioeval, un conjunto maravilloso de monumentos y de recuerdos. Y es natural. Cada una de esas ciudades era un gran foco de arte y de cultura.

Adorar, divinizar, cantar el virreinato es, pues, una actitud de mal gusto. Los literatos e intelectuales que, movidos por un aristocratismo y un estetismo ramplones, han ido a abastecerse de materiales y de musas en los caserones y guardarropías de la colonia, han cometido una cursilería lamentable. La época «rococó» fue de una aristocracia auténtica. Francia, sin embargo, no siente ninguna necesidad espiritual de restaurarla. Y las escenas de la revolución jacobina, la música demagógica de la Marsellesa, pesan mucho más en la vida de Francia que los melindres y los pecados de Madame Pompadour. Aquí, debemos convencernos sensatamente de que cualquiera de los modernos y prosaicos buildings de la ciudad, vale, estética y prácticamente, más que todos los solares y todas las celosías coloniales. La «Lima que se va» no tiene ningún valor serio, ningún perfume poético, aunque Gálvez se esfuerce por demostrarnos, elocuentemente, lo contrario. Lo lamentable no es que esa Lima se vaya, sino que no se haya ido más deprisa.

El doctor Mackay, en una conferencia, se refirió discretamente al pasadismo dominante de nuestra intelectualidad. Pero empleó, tal vez por cortesía, un término inexacto. No habló de «pasadismo» sino de «historicismo». El historicismo es otra cosa. Se llama historicismo una notoria corriente de *Filosofía de la historia*. Y si por historicismo se entiende la aptitud para el estudio histórico, aquí no hay ni ha habido historicismo. La capacidad de comprender el pasado es solidaria de la capacidad de sentir el presente y de inquietarse por el porvenir. El hombre moderno no es solo el que más ha avanzado en la reconstrucción de lo que fue, sino también el que más ha avanzado en la previsión de lo que será.

El espíritu de nuestra gente es, pues, pasadista; pero no es histórico. Tenemos algunos trabajos parciales de exploración histórica, mas no tenemos todavía ningún gran trabajo de síntesis. Nuestros estudios históricos son, casi en su totalidad, inertes o falsos, fríos o retóricos.

El culto romántico del pasado es una morbosidad de la cual necesitamos curarnos. Oscar Wilde, con esa modernidad admirable que late en su pensamiento y en sus libros, decía: «El pasado es lo que los hombres no habrían debido ser; el presente es lo que no deberían ser». Un pueblo fuerte, una gran generación robusta no son nunca plañideramente nostálgicos, no son nunca retrospectivos. Sienten, plenamente, fecundamente, las emociones de su época. «Quien se entretenga en idealismos provincianos —escribe Oswald Spengler, el hombre de mayor perspectiva histórica de nuestro tiempo— y busque para la vida estilos de tiempos pretéritos, que renuncie a comprender la historia, a vivir la historia, a crear la historia.»

Una de las actitudes de la juventud, de la poesía, del arte y del pensamiento peruano que conviene alentar es la actitud un poco iconoclasta que, gradualmente, van adquiriendo. No se puede afirmar hechos e ideas nuevas si no se rompe definitivamente con los hechos e ideas viejas. Mientras algún cordón umbilical nos una a las generaciones que nos han precedido, nuestra generación seguirá alimentándose de prejuicios y de supersticiones. Lo que este país tiene de vital son sus hombres jóvenes; no sus mestizas antiguallas. El pasado y sus pobres residuos son, en nuestro caso, un patrimonio demasiado exiguo. El pasado, sobre todo, dispersa, aísla, separa, diferencia demasiado los elementos de la nacionalidad, tan mal combinados, tan mal concertados todavía. El pasado nos enemista. Al porvenir le toca darnos unidad.

La torre de marfil[21]

En una tierra de gente melancólica, negativa y pasadista, es posible que la Torre de Marfil tenga todavía algunos amadores. Es posible que a algunos artistas e intelectuales les parezca aún un retiro elegante. El virreinato nos ha dejado varios gustos solariegos. Las actitudes distinguidas, aristocráticas, individualistas, siempre han encontrado aquí una imitación entusiasta. No es ocioso, por ende, constatar que de la pobre Torre de Marfil no queda ya, en el mundo moderno, sino una ruina exigua y pálida. Estaba hecha de un material demasiado frágil, precioso y quebradizo. Vetusta, deshabitada, pasada de moda, albergó hasta la guerra a algunos linfáticos artistas. Pero la marejada bélica la trajo a tierra. La Torre de Marfil cayó sin estruendo y sin drama. Y hoy, malgrado la crisis de alojamiento, nadie se propone reconstruirla.

La Torre de Marfil fue uno de los productos de la literatura decadente. Perteneció a una época en que se propagó entre los artistas un humor misántropo. Endeble y amanerado edificio del decadentismo, la Torre de Marfil languideció con la literatura alojada dentro de los muros anémicos. Tiempos quietos, normales, burocráticos, pudieron tolerarla. Pero no estos tiempos tempestuosos, iconoclastas, heréticos, tumultuosos. Estos tiempos apenas si respetan la torre inclinada de Pisa, que sirvió para que Galileo, a causa tal vez del mareo y el vértigo, sintiese que la tierra daba vueltas.

El orden espiritual, el motivo histórico de la Torre de Marfil aparecen muy lejanos de nosotros y resultan muy extraños a nuestro tiempo. El «torremarfilismo» formó parte de esa reacción romántica de muchos artistas del siglo pasado contra la democracia capitalista y burguesa. Los artistas se veían tratados desdeñosamente por el capital y la burguesía. Se apoderaba, por ende, de sus espíritus una imprecisa nostalgia de los tiempos pretéritos. Recordaban que bajo la aristocracia y la Iglesia, su suerte había sido mejor. El materialismo de una civilización que cotizaba una obra de arte como mercadería los irritaba. Les parecía horrible que la obra de arte necesitase réclame, empresarios, etc., ni más ni menos que una manufactura, para conseguir precio, comprador y mercado. A este estado de ánimo corresponde una literatura saturada de rencor y de desprecio contra la burguesía. Los burgueses

---

21   *Mundial*, Lima, 7 de noviembre de 1924; OC, v. 6, págs. 25-29; MT, tomo I, págs. 556-558.

eran atacados no como ahora, desde puntos de vista revolucionarios, sino desde puntos de vista reaccionarios.

El símbolo natural de esta literatura, con náusea del vulgo y nostalgia de la feudalidad, tenía que ser una torre. La torre es genuinamente medioeval, gótica, aristocrática. Los griegos no necesitaron torres en su arquitectura ni en sus ciudades. El pueblo griego fue el pueblo del demos, del ágora, del foro. En los romanos hubo la afición a lo colosal, a lo grandioso, a lo gigantesco. Pero los romanos concibieron la mole, no la torre. Y la mole se diferencia sustancialmente de la torre. La torre es una cosa solitaria y aristocrática; la mole es una cosa multitudinaria. El espíritu y la vida de la Edad Media, en cambio, no podían prescindir de la torre y, por esto, bajo el dominio de la iglesia y de la aristocracia, Europa se pobló de torres. El hombre medioeval vivía acorazado. Las ciudades vivían amuralladas y almenadas. En la Edad Media todos sentían una aguda sed de clausura, de aislamiento y de incomunicación. Sobre una muchedumbre férrea y pétrea de murallas y corazas no cabía sino la autoridad de la torre. Solo Florencia poseía más de cien torres. Torres de la feudalidad y torres de la Iglesia.

La decadencia de la torre empezó con el Renacimiento. Europa volvió entonces a la arquitectura y al gusto clásicos. Pero la torre defendió obstinadamente su señorío. Los estilos arquitectónicos posteriores al Renacimiento readmitieron la torre. Sus torres eran enanas, truncas, como muñones; pero eran siempre torres. Además, mientras la arquitectura católica se engalanó de motivos y decoraciones paganas, la arquitectura de la Reforma conservó el gusto nórdico y austero de lo gótico. Las torres emigraron al norte, donde mal se aclimataba aún el estilo renacentista. La crisis definitiva de la torre llegó con el liberalismo, el capitalismo y el maquinismo. En una palabra, con la civilización capitalista.

Las torres de esta civilización son utilitarias e industriales. Los rascacielos de Nueva York no son torres sino moles. No albergan solitaria y solariegamente a un campanero o a un hidalgo. Son la colmena de una muchedumbre trabajadora. El rascacielos, sobre todo, es democrático en tanto que la torre es aristocrática.

La torre de cristal fue una protesta al mismo tiempo romántica y reaccionaria. A la plaza, a la usina, a la bolsa de la democracia, los artistas de temperamento reaccionario decidieron oponer sus torres misantrópicas y exquisitas. Pero la clausura produjo un arte muy pobre. El arte, como el hombre y la planta, necesita de aire libre. «La vida viene de la tierra», como decía Wilson. La vida es circulación, es movimiento, es marea. Lo que dice Mussolini de la política se puede decir de la vida. (Mussolini es detestable como *condottiere*[22] de la reacción, pero estimable como hombre de ingenio.) La vida «no es monólogo». Es un diálogo, es un coloquio.

La Torre de Marfil no puede ser confundida, no puede ser identificada con la soledad. La soledad es grande, ascética, religiosa; la Torre de Marfil es pequeña, femenina, enfermiza. Y la soledad misma puede ser un episodio, una estación de la vida; pero no la vida toda. Los actos solitarios son fatalmente estériles. Artistas tan aristocráticos e individualistas como Oscar Wilde han condenado la soledad. «El hombre —ha escrito Oscar Wilde— es sociable por naturaleza. La Tebaida misma termina por poblarse y aunque el cenobita realice su personalidad, la que realiza es frecuentemente una personalidad empobrecida.» Baudelaire quería, para componer castamente sus églogas, *coucher aupres du ciel comme les astrologues.*[23] Mas toda la obra de Baudelaire está llena del dolor de los pobres y de los miserables. Late en sus versos una gran emoción humana. Y a estos resultados no puede arribar ningún artista clausurado y benedictino. El «torremarfilismo» no ha sido, por consiguiente, sino un episodio precario, decadente y morboso de la literatura y del arte. La protesta contra la civilización capitalista es en nuestro tiempo revolucionaria y no reaccionaria. Los artistas y los intelectuales descienden de la torre orgullosa e impotente a la llanura innumerable y fecunda. Comprenden que la torre de marfil era una laguna tediosa, monótona, enferma, orlada de una flora palúdica o malsana.

Ningún gran artista ha sido extraño a las emociones de su época. Dante, Shakespeare, Goethe, Dostoievski, Tolstoi y todos los artistas de análoga jerarquía ignoraron la Torre de Marfil. No se conformaron jamás con recitar un lánguido soliloquio. Quisieron y supieron ser grandes protagonistas de la historia. Algunos intelectuales y artistas carecen de aptitud para marchar con la muchedumbre. Pugnan por conservar una actitud distinguida y perso-

---

22 Caudillo de soldados mercenarios (N. de OC).
23 Acostarse cerca del cielo como los astrólogos (N. de OC).

nal ante la vida. Romain Rolland, por ejemplo, gusta de sentirse un poco *au dessus de la melée*.[24] Mas Romain Rolland no es un agnóstico ni un solitario. Comparte y comprende las utopías y los sueños sociales, aunque repudie, contagiado del misticismo de la no-violencia, los únicos medios prácticos de realizarlos. Vive en medio del fragor de la crisis contemporánea. Es uno de los creadores del teatro del pueblo, uno de los estetas del teatro de la revolución. Y si algo falta a su personalidad y a su obra es, precisamente, el impulso necesario para arrojarse plenamente al combate.

La literatura de moda en Europa —literatura cosmopolita, urbana, escéptica, humorista—, carece absolutamente de solidaridad con la pobre y difunta torre de marfil, y de afición a la clausura. Es, como ya he dicho, la espuma de una civilización ultrasensible y quintaesenciada. Es un producto genuino de la gran urbe.

El drama humano tiene hoy, como en las tragedias griegas, un coro multitudinario. En una obra de Pirandello, uno de los personajes es la calle. La calle con sus rumores y con sus gritos está presente en los tres actos del drama pirandelliano. La calle, ese personaje anónimo y tentacular que la Torre de Marfil y sus macilentos hierofantes ignoran y desdeñan. La calle, o sea, el vulgo; o sea, la muchedumbre. La calle, cauce proceloso de la vida, del dolor, del placer, del bien y del mal.

---

24 Por encima de la contienda, al margen del conflicto (N. de OC).

La imaginación y el progreso[25]

Escribe Luis Araquistáin que «el espíritu conservador, en su forma más desinteresada, cuando no nace de un bajo egoísmo, sino del temor a lo desconocido e incierto, es en el fondo falta de imaginación». Ser revolucionario o renovador es, desde este punto de vista, una consecuencia de ser más o menos imaginativo. El conservador rechaza toda idea de cambio por una especie de incapacidad mental para concebirla y para aceptarla. Este caso es, naturalmente, el del conservador puro, porque la actitud del conservador práctico, que acomoda su ideario a su utilidad y a su comodidad, tiene, sin duda, una génesis diferente.

El tradicionalismo, el conservatismo, quedan así definidos como una simple limitación espiritual. El tradicionalista no tiene aptitud sino para imaginar la vida como fue. El conservador no tiene aptitud sino para imaginarla como es. El progreso de la humanidad, por consiguiente, se cumple malgrado al tradicionalismo y a pesar del conservadurismo.

Hace varios años que Oscar Wilde, en su original ensayo *El alma humana bajo el socialismo*, dijo que «progresar es realizar utopías». Pensando análogamente a Wilde, Luis Araquistáin agrega que «sin imaginación no hay progreso de ninguna especie». Y en verdad, el progreso no sería posible si la imaginación humana sufriera de repente un colapso.

La historia les da siempre razón a los hombres imaginativos. En la América del Sur, por ejemplo, acabamos de conmemorar la figura y la obra de los animadores y conductores de la Revolución de la Independencia. Estos hombres nos parecen, fundadamente, geniales. ¿Pero cuál es la primera condición de la genialidad? Es, sin duda, una poderosa facultad de imaginación. Los libertadores fueron grandes porque fueron, ante todo, imaginativos. Insurgieron contra la realidad limitada, contra la realidad imperfecta de su tiempo.

Trabajaron por crear una realidad nueva. Bolívar tuvo sueños futuristas. Pensó en una confederación de estados indo-españoles. Sin este ideal, es probable que Bolívar no hubiese venido a combatir por nuestra independencia. La suerte de la independencia del Perú ha dependido, por ende, en gran parte, de la aptitud imaginativa del Libertador. Al celebrar el centenario de

---

25   *Mundial*, Lima, 12 de diciembre de 1924; OC, v. 3, págs. 36-39; MT, tomo I, págs. 505-506.

una victoria de Ayacucho se celebra, realmente, el centenario de una victoria de la imaginación. La realidad sensible, la realidad evidente, en los tiempos de la Revolución de la Independencia, no era, por cierto, republicana ni nacionalista. La benemerancia de los libertadores consiste en haber visto una realidad potencial, una realidad superior, una realidad imaginaria. Esta es la historia de todos los grandes acontecimientos humanos. El progreso ha sido realizado siempre por los imaginativos. La posteridad ha aceptado, invariablemente, su obra. El conservatismo de una época, en una época posterior, no tiene nunca más defensores o prosélitos que unos cuantos románticos y unos cuantos extravagantes. La humanidad, con raras excepciones, estima y estudia a los hombres de la revolución francesa mucho más que a los de la monarquía y la feudalidad entonces abatida. Luis XVI y María Antonieta le parecen a mucha gente, sobre todo, desgraciados. A nadie le parecen grandes.

De otro lado, la imaginación, generalmente, es menos libre y menos arbitraria de lo que se supone. La pobre ha sido muy difamada y muy deformada. Algunos la creen más o menos loca; otros la juzgan ilimitada y hasta infinita. En realidad, la imaginación es asaz modesta. Como todas las cosas humanas, la imaginación tiene también sus confines. En todos los hombres, en los más geniales como en los más idiotas, se encuentra condicionada por circunstancias de tiempo y de espacio. El espíritu humano reacciona contra la realidad contingente. Pero precisamente cuando reacciona contra la realidad es cuando tal vez depende más de ella. Pugna por modificar lo que ve [sic] y lo que siente; no lo que ignora. Luego, solo son válidas aquellas utopías que se podrían llamar realistas. Aquellas utopías que nacen de la entraña misma de la realidad. Jorge Simmel escribía una vez que una sociedad colectivista se mueve hacia ideales individualistas y que, inversamente, una sociedad individualista se mueve hacia ideales socialistas. La filosofía hegeliana explica la fuerza creadora del ideal como una consecuencia, al mismo tiempo, de la resistencia y del estímulo que éste encuentra en la realidad. Podría decirse que el hombre no prevé ni imagina sino lo que ya está germinando, madurando, en la entraña oscura de la historia.

Los idealistas necesitan apoyarse sobre el interés concreto de una extensa y consciente capa social. El ideal no prospera sino cuando representa un vasto interés. Cuando adquiere, en suma, caracteres de utilidad y de comodidad. Cuando una clase social se convierte en instrumento de su realización.

En nuestra época, en nuestra civilización, no ha habido nunca utopías demasiado audaces. El hombre moderno ha conseguido casi predecir el progreso. Hasta la fantasía de los novelistas ha resultado, muchas veces, superada por la realidad en un plazo breve. La ciencia occidental ha ido más deprisa de lo que soñó Julio Verne. Otro tanto ha acontecido en la política. Anatole France vaticinó la revolución rusa para fines de este siglo, pocos años antes de que esta revolución inaugurase un capítulo nuevo en la historia del mundo.

Y justamente en la novela de Anatole France, que, intentando predecir el porvenir, formula estos agüeros —*Sur la pierre Blanche*—, se constata cómo la cultura y la sabiduría no confieren ningún poder privilegiado a la imaginación. Galión, el personaje de un episodio de la decadencia romana evocado por Anatole France, era un ejemplar máximo de hombre culto y sabio de su época. Sin embargo, este hombre no percibía absolutamente la decadencia de su civilización. El cristianismo se le antojaba una secta absurda y estúpida. La civilización romana a su juicio no podía tramontar, no podía perecer. Galión concebía el futuro como una mera prolongación del presente. Nos aparece por esto, en sus discursos, lamentable y ridículamente falto de inspiración. Era un hombre muy inteligente, muy erudito, muy refinado; pero tenía la inmensa desgracia de no ser un hombre imaginativo. De ahí que su actitud ante la vida fuese mediocre y conservadora.

Esta tesis sobre la imaginación, el conservatismo y el progreso, podría conducirnos a conclusiones muy interesantes y originales. A conclusiones que nos moverían, por ejemplo, a no clasificar más a los hombres como revolucionarios y conservadores sino como imaginativos y sin imaginación. Distinguiéndolos así, cometeríamos tal vez la injusticia de halagar demasiado la vanidad de los revolucionarios y de ofender un poco la vanidad, al fin y al cabo respetable, de los conservadores. Además, a las inteligencias universitarias y metódicas, la nueva clasificación les parecería bastante arbitraria, bastante insólita. Pero, evidentemente, resulta muy monótono clasificar y calificar siempre a los hombres de la misma manera. Y, sobre todo, si la humanidad no les ha encontrado todavía un nuevo nombre a los conservadores y a los revolucionarios, es también, indudablemente, por falta de imaginación.

¿Existe un pensamiento hispanoamericano?[26]

I

Hace cuatro meses, en un artículo sobre la idea de un congreso de intelectuales iberoamericanos, formulé esta interrogación. La idea del congreso ha hecho, en cuatro meses mucho camino. Aparece ahora como una idea que, vaga pero simultáneamente, latía en varios núcleos intelectuales de la América indo-íbera. Como una idea que germinaba al mismo tiempo en diversos centros nerviosos del continente. Esquemática y embrionaria todavía, empieza hoy a adquirir desarrollo y corporeidad.

En la Argentina, un grupo enérgico y volitivo se propone asumir la función de animarla y realizarla. La labor de este grupo tiende a eslabonarse con la de los demás grupos íbero-americanos afines. Circulan entre estos grupos algunos cuestionarios que plantean o insinúan los temas que debe discutir el congreso. El grupo argentino ha bosquejado el programa de una «Unión Latinoamericana». Existen, en suma, los elementos preparatorios de un debate, en el discurso del cual se elaborarán y se precisarán los fines y las bases de este movimiento de coordinación o de organización del pensamiento hispanoamericano como, un poco abstractamente aún, suelen definirlo sus iniciadores.

II

Me parece, por ende, que es tiempo de considerar y esclarecer la cuestión planteada en mi mencionado artículo. ¿Existe ya un pensamiento característicamente hispanoamericano? Creo que, a este respecto, las afirmaciones de los fautores de su organización van demasiado lejos. Ciertos conceptos de un mensaje de Alfredo Palacios a la juventud universitaria de Íbero-América han inducido, a algunos temperamentos excesivos y tropicales, a una estimación exorbitante del valor y de la potencia del pensamiento hispanoamericano. El mensaje de Palacios, entusiasta y optimista en sus aserciones y en sus frases, como convenía a su carácter de arenga o de proclama, ha engendrado una serie de exageraciones. Es indispensable, por ende, una rectificación de esos conceptos demasiado categóricos.

---

26   *Mundial*, Lima, 1.º de mayo de 1925; OC, v. 12, págs. 22-26; MT, tomo I, págs. 417-419.

«Nuestra América —escribe Palacios— hasta hoy ha vivido de Europa y teniéndola por guía. Su cultura la ha nutrido y orientado. Pero la última guerra ha hecho evidente lo que ya se adivinaba: que en el corazón de esa cultura iban los gérmenes de su propia disolución.» No es posible sorprenderse de que estas frases hayan estimulado una interpretación equivocada de la tesis de la decadencia de Occidente. Palacios parece anunciar una radical independización de nuestra América de la cultura europea. El tiempo del verbo se presta al equívoco. El juicio del lector simplista deduce de la frase de Palacios que «hasta ahora la cultura europea ha nutrido y orientado» a América; pero que desde hoy no la nutre ni orienta más. Resuelve, al menos, que desde hoy Europa ha perdido el derecho y la capacidad de influir espiritual e intelectualmente en nuestra joven América. Y este juicio se acentúa y se exacerba, inevitablemente, cuando, algunas líneas después, Palacios agrega que «no nos sirven los caminos de Europa ni las viejas culturas» y quiere que nos emancipemos del pasado y del ejemplo europeos.

Nuestra América, según Palacios, se siente en la inminencia de dar a luz una cultura nueva. Extremando esta opinión o este augurio, la revista *Valoraciones* habla de que «liquidemos cuentas con los tópicos al uso, expresiones agónicas del alma decrépita de Europa».

¿Debemos ver en este optimismo un signo y un dato del espíritu afirmativo y de la voluntad creadora de la nueva generación hispanoamericana? Yo creo reconocer, ante todo, un rasgo de la vieja e incurable exaltación verbal de nuestra América. La fe de América en su porvenir no necesita alimentarse de una artificiosa y retórica exageración de su presente. Está bien que América se crea predestinada a ser el hogar de la futura civilización. Está bien que diga: «Por mi raza hablará el espíritu».[27] Está bien que se considere elegida para enseñar al mundo una verdad nueva. Pero no que se suponga en vísperas de reemplazar a Europa ni que declare ya fenecida y tramontada la hegemonía intelectual de la gente europea.

La civilización occidental se encuentra en crisis; pero ningún indicio existe de que resulte próxima a caer en definitivo colapso. Europa no está, como absurdamente se dice, agotada y paralítica. Malgrado la guerra y la postguerra conserva su poder de creación. Nuestra América continúa importando

---

27   Lema creado por José Vasconcelos para la Universidad Nacional de México (N. de OC).

de Europa ideas, libros, máquinas, modas. Lo que acaba, lo que declina, es el ciclo de la civilización capitalista. La nueva forma social, el nuevo orden político, se están plasmando en el seno de Europa. La teoría de la decadencia de Occidente, producto del laboratorio occidental, no prevé la muerte de Europa sino de la cultura que ahí tiene sede. Esta cultura europea, que Spengler juzga en decadencia, sin pronosticarle por esto un deceso inmediato, sucedió a la cultura grecorromana, europea también. Nadie descarta, nadie excluye la posibilidad de que Europa renueve y se transforme una vez más. En el panorama histórico que nuestra mirada domina, Europa se presenta como el continente de las máximas palingenesias. Los mayores artistas, los mayores pensadores contemporáneos, ¿no son todavía europeos? Europa se nutre de la savia universal. El pensamiento europeo se sumerge en los más lejanos misterios, en las más viejas civilizaciones. Pero esto mismo demuestra su posibilidad de convalecer y renacer.

III

Tornemos a nuestra cuestión. ¿Existe un pensamiento característicamente hispanoamericano? Me parece evidente la existencia de un pensamiento francés, de un pensamiento alemán, etc., en la cultura de Occidente. No me parece igualmente evidente, en el mismo sentido, la existencia de un pensamiento hispanoamericano. Todos los pensadores de nuestra América se han educado en una escuela europea. No se siente en su obra el espíritu de la raza. La producción intelectual del continente carece de rasgos propios. No tiene contornos originales. El pensamiento hispanoamericano no es generalmente sino una rapsodia compuesta con motivos y elementos del pensamiento europeo. Para comprobarlo basta revisar la obra de los más altos representantes de la inteligencia indo-íbera.

El espíritu hispanoamericano está en elaboración. El continente, la raza, están en formación también. Los aluviones occidentales en los cuales se desarrollan los embriones de la cultura hispano o latinoamericana —en la Argentina, en el Uruguay, se puede hablar de latinidad— no han conseguido consustanciarse ni solidarizarse con el suelo sobre el cual la colonización de América los ha depositado.

En gran parte de Nuestra América constituyen un estrato superficial e independiente al cual no aflora el alma indígena, deprimida y huraña, a causa de la brutalidad de una conquista que en algunos pueblos hispanoamericanos no ha cambiado hasta ahora de métodos. Palacios dice: «Somos pueblos nacientes, libres de ligaduras y atavismos, con inmensas posibilidades y vastos horizontes ante nosotros. El cruzamiento de razas nos ha dado un alma nueva. Dentro de nuestras fronteras acampa la humanidad. Nosotros y nuestros hijos somos síntesis de razas». En la Argentina es posible pensar así; en el Perú y otros pueblos de Hispanoamérica, no. Aquí la síntesis no existe todavía. Los elementos de la nacionalidad en elaboración no han podido aún fundirse o soldarse. La densa capa indígena se mantiene casi totalmente extraña al proceso de formación de esa peruanidad que suelen exaltar e inflar nuestros sedicentes nacionalistas, predicadores de un nacionalismo sin raíces en el suelo peruano, aprendido en los evangelios imperialistas de Europa, y que, como ya he tenido oportunidad de remarcar, es el sentimiento más extranjero y postizo que en el Perú existe.

IV

El debate que comienza debe, precisamente, esclarecer todas estas cuestiones. No debe preferir la cómoda ficción de declararlas resueltas. La idea de un congreso de intelectuales iberoamericanos será válida y eficaz, ante todo, en la medida en que logre plantearlas. El valor de la idea está casi íntegramente en el debate que suscita.

El programa de la sección Argentina de la bosquejada Unión Latinoamericana, el cuestionario de la revista Repertorio Americano de Costa Rica y el cuestionario del grupo que aquí trabaja por el congreso, invitan a los intelectuales de nuestra América a meditar y opinar sobre muchos problemas fundamentales de este continente en formación. El programa de la sección Argentina tiene el tono de una declaración de principios. Resulta prematuro indudablemente. Por el momento, no se trata sino de trazar un plan de trabajo, un plan de discusión. Pero en los trabajos de la sección Argentina alienta un espíritu moderno y una voluntad renovadora. Este espíritu, esta voluntad, le confieren el derecho de dirigir el movimiento. Porque el congreso, si no representa y organiza la nueva generación hispanoamericana, no representará ni organizará absolutamente nada.

James Joyce[28]

El caso Joyce se presenta con la misma repentina y urgente resonancia del caso Proust o del caso Pirandello. James Joyce nació hace cuarenta y cuatro años. Pero hasta hace pocos años su existencia no había logrado aún revelarse a Europa. Su descomunal novela *Ulysses*, perseguida en Inglaterra por un puritanismo inquisitorial, apareció en París en 1922. El manuscrito de *Dedalus* está fechado en Trieste en 1914. Joyce vivía en ese tiempo en Trieste como profesor de lenguas extranjeras. De Trieste escribía al escritor italiano Carlos Linati sobre su *Ulysses* antes de conseguir verlo impreso: «Es la epopeya de dos razas (Israel-Irlanda) y, al mismo tiempo, el ciclo del cuerpo humano, y también la pequeña historia de una jornada... Hace siete años que trabajo en este libro! Es igualmente una obra de enciclopedia. Mi intención es interpretar el mito *sub specie temporis nostri* permitiendo que cada aventura (esto es cada hora, cada órgano, cada arte conexa y consustanciada con el esquema del todo) cree su propia técnica. Ningún impresor inglés ha querido imprimir una palabra de esta obra. En Norteamérica, la revista que la ha publicado ha sido suprimida cuatro veces. Ahora se prepara un gran movimiento contra su publicación de parte de puritanos, imperialistas ingleses, republicanos, irlandeses y católicos. ¡Qué alianza!».

La divulgación de Joyce en el mundo latino empezó hace dos años en la traducción francesa de *Dedalus* y la traducción italiana de *Exiles*. Pero la notoriedad de su nombre era ya extensa. Esta notoriedad se alimentaba, ante todo, del escándalo suscitado por *Ulysses*. Y, en segundo lugar, del estrépito con que descubrían a Joyce algunos críticos cosmopolitas, pescadores afortunados de novedades extranjeras. Valery Larbaud, uno de estos críticos, decía: «Mi admiración por Joyce es tal que yo no temo afirmar que si de todos los contemporáneos uno solo debe pasar a la posteridad, será Joyce».

He aquí que hoy llega Joyce al español con menos retardo del que España nos tiene habituados a sufrir en la traducción de los libros contemporáneos. Y está bien entrar a James Joyce por el laberinto de *Dedalus*. *Dedalus* es la mejor introducción posible en *Ulysses*. Ahí está ya, sin duda −aunque larvada todavía−, la técnica del artista. No aparece aún el «monólogo interior», con su complicado caos de imágenes, palabras, símbolos, sin puntos

---

28   *Variedades*, Lima, 29 de mayo de 1926; OC, v. 3, págs. 147-150; MT, tomo I, págs. 674-675.

78

ni pausas. Pero en *Dedalus* el artista, en el fondo, monologa únicamente. No se comenta; se retrata. La sola imagen que encontramos en la novela es, verdaderamente, la suya. Las demás imágenes no hacen sino reflejarse en ella como para contrastar su existencia y, sobre todo, su desplazamiento. Valery Larbaud escribe, apologéticamente, que *Dedalus* es un gran libro y Joyce «toda la literatura inglesa en este momento». Y, con entusiasmo exaltado, agrega: «En verdad, Yeats no será considerado mañana sino como la más grande figura del Renacimiento irlandés antes de Joyce. *Dedalus* es de la estirpe de *L'Educación Sentimentale* y de la trilogía de Vallés. Es la historia del esfuerzo del espíritu por superarse, por superar su medio social, su educación y aun su nacionalidad. Y es por esto que, siendo profundamente irlandés, Joyce es también un gran europeo. Es comparable a los santos intelectuales de la antigua Irlanda que han jugado un rol tan grande en la cristiandad».

Joyce, en esta novela, nos conduce por los intrincados caminos de su adolescencia. Uno de los más logrados intentos del libro me parece el de enseñarnos las estaciones y las jornadas de esta adolescencia reviviéndolas, con su música íntima, con su armonía subjetiva, en toda su virginidad, sin que se sienta el viaje. El artista nos descubre su pasado como nos descubriría su presente. No se mezcla a los acontecimientos ningún elemento que delate que lo actual en el relato ha dejado de ser actual en la vida. Ningún elemento de crítica o de opinión con sabor retrospectivo. Las impresiones de la adolescencia de Stephen Dedalus conservan intactas su inocencia.

Stephen Dedalus estudia en un colegio de jesuitas. Y la novela no deforma ni al estudiante, ni al colegio, ni a los jesuitas. Todas las cosas, todos los tipos nos son presentados con candor. El artista no los juzga. Stephen Dedalus, buscándose a sí mismo, conoce el pecado y el arrepentimiento, conoce la fe y la duda. Pero, finalmente, las supera. En su peregrinación descubre el arte. El arte que no es aún una meta, sino solo una evasión.

Joyce nos da una versión, única acaso en la literatura, de la crisis de conciencia de un adolescente, con espíritu religioso y sensibilidad acendrada en un colegio católico. El capítulo en que su adolescencia, con el sabor del pecado carnal en los labios tímidos, pasa por la prueba de unos «ejercicios espirituales», es un capítulo maravilloso. Joyce da la impresión de conducirnos con lentitud por este atormentado y proceloso episodio. Los hechos transcurren con una morosidad deliberada. Las pláticas del «retiro» están puntualmente y minuciosamente repetidas. Y sin que falte ni una palabra, ni un gesto del predicador. Y, sin embargo, no hay nada demás en el relato. Como lo observa el distinguido crítico español Antonio de Marichalar, este episodio que fluye en el mismo tiempo que ocuparía en la realidad, «conserva su misma naturaleza».

Y no todo es lentitud ni minucia en *Dedalus*. Las últimas jornadas del viaje están servidas en comprimidos. Las cosas pasan a prisa. Joyce reproduce las notas de un diario que no aprehende sino su esencia. He aquí una muestra de su procedimiento: «22 de marzo. En compañía de Lynch, seguido una enfermera voluminosa. Iniciativa de Lynch, Abomino esto. Dos flacos lebreles famélicos detrás de una ternera».

Y dejamos así a Joyce en la estación en que, evadiéndose de su adolescencia, como de un laberinto, se embarca en el tren de las aventuras. En su viaje sin itinerario, lo aguardaba en Trieste, antesala de su celebridad, un oscuro pupitre de profesor de idiomas extranjeros.

La realidad y la ficción[29]

La fantasía recupera sus fueros y sus posiciones en la literatura occidental. Oscar Wilde resulta un maestro de la estética contemporánea. Su actual magisterio no depende de su obra ni de su vida sino de su concepción de las cosas y del arte. Vivimos en una época propicia a sus paradojas. Wilde afirmaba que la bruma de Londres había sido inventada por la pintura. No es cierto, decía, que el arte copia a la naturaleza. Es la naturaleza la que copia al arte. Massimo Bontempelli, en nuestros días, extrema esta tesis. Según una bizarra teoría bontempelliana, sacada de una meditación de verano en una aldea de montaña, la tierra en su primera edad era casi exclusivamente mineral. No existían sino el hombre y la piedra. El hombre se alimentaba de sustancias minerales. Pero su imaginación descubrió los otros dos reinos de la naturaleza. Los árboles, los animales fueron imaginados por los artistas. Seres y plantas, después de haber existido idealmente en el arte, empezaron a existir realmente en la naturaleza. Amueblado así el planeta, la imaginación del hombre creó nuevas cosas. Aparecieron las máquinas. Nació la civilización mecánica. La tierra fue electrificada y mecanizada. Mas, después de que el maquinismo hubo alcanzado su plenitud, el proceso se repitió a la inversa. Minerales, vegetales, máquinas, etc., fueron reabsorbidos por la naturaleza. La tierra se petrificó, se mineralizó gradualmente hasta volver a su primitivo estado. Esta evolución se ha cumplido muchas veces. Hoy el mundo está una vez más en su período de mecánica y de maquinismo.

Bontempelli es uno de los literatos más en boga de la Italia contemporánea. Hace algunos años, cuando en la literatura italiana dominaba el verismo, su libro habría tenido una suerte distinta. Bontempelli, que en sus comienzos fue más o menos clasicista, no los habría escrito. Hoy es un pirandelliano; ayer habría sido un d'annunziano.

¿Un d'annunziano? ¿Pero en D'Annunzio no encontramos también más ficción que realismo? La fantasía de D'Annunzio está más en lo externo que en lo interno de sus obras. D'Annunzio vestía fantástica, bizantinamente sus novelas; pero el esqueleto de éstas no se diferenciaba mucho de las novelas naturalistas. D'Annunzio trataba de ser aristocrático; pero no se atrevía a ser inverosímil. Pirandello, en cambio, en una novela desnuda de decorado, sen-

---

29 *Perricholi*, Lima, 25 de marzo de 1926; OC, v. 6, págs. 22-25; MT, tomo I, págs. 555–556.

cilla de forma, como *El difunto Matías Pascal*, presentó un caso que la crítica tachó enseguida de extraordinario e inverosímil, pero que, años después, la vida reprodujo fielmente. El realismo nos alejaba en la literatura de la realidad. La experiencia realista no nos ha servido sino para demostrarnos que solo podemos encontrar la realidad por los caminos de la fantasía. Y esto ha producido el suprarrealismo que no es solo una escuela o un movimiento de la literatura francesa sino una tendencia, una vía de la literatura mundial. Suprarrealista es el italiano Pirandello. Suprarrealista es el norteamericano Waldo Frank, suprarrealista es el rumano Boris Pilniak. Nada importa que trabajen fuera y lejos del manípulo suprarrealista que acaudillan, en París, Aragón, Breton, Eluard y Soupault.

Pero la ficción no es libre. Más que descubrirnos lo maravilloso, parece destinada a revelarnos lo real. La fantasía, cuando no nos acerca a la realidad, nos sirve bien poco. Los filósofos se valen de conceptos falsos para arribar a la verdad. Los literatos usan la ficción con el mismo objeto. La fantasía no tiene valor sino cuando crea algo real. Ésta es su limitación. Éste es su drama.

La muerte del viejo realismo no ha perjudicado absolutamente el conocimiento de la realidad. Por el contrario, lo ha facilitado. Nos ha liberado de dogmas y de prejuicios que lo estrechaban. En lo *inverosímil* hay a veces más verdad, más humanidad que en lo *verosímil*. En el abismo del alma humana cala más hondo una farsa inverosímil de Pirandello que una comedia verosímil del señor Capus. Y *El estupendo cornudo* del genial Fernando Crommelynk vale, ciertamente, más que todo el mediocre teatro francés de adulterios y divorcios a que pertenecen *El adversario y Ña Falena*.

El prejuicio de lo verosímil aparece hoy como uno de los que más han estorbado al arte. Los artistas de espíritu más moderado se revelan violentamente contra él. «La vida —escribe Pirandello— para todas las descaradas absurdidades, pequeñas y grandes, de que está bellamente llena, tiene el inestimable privilegio de poder prescindir de aquella verosimilitud a la cual el arte se ve obligado a obedecer. Las absurdidades de la vida tienen necesidad de parecer verosímiles porque son verdaderas. Al contrario de las del arte que para parecer verdaderas tienen necesidad de ser verosímiles.»

Liberados de esta traba, los artistas pueden lanzarse a la conquista de nuevos horizontes. Se escribe, en nuestros días, obras que, sin esta libertad, no serían posibles la *Jeanne d'Arc* de Joseph Delteil, por ejemplo. En esta novela, Delteil nos presenta a la doncella de Domremy dialogando, ingenua y naturalmente, como con dos muchachas de la campiña, con Santa Catalina y Santa Margarita. El milagro es narrado con la misma sencillez, con el mismo candor que en la fábula de los niños. Lo inverosímil de esta novela no pretende ser verosímil. Y es, así, admitiendo el milagro —esto es lo maravilloso— como nos aproximamos más a la verdad sobre la Doncella. El libro de Joseph Delteil nos ofrece una imagen más verídica y viviente de Juana de Arco que el libro de Anatole France.

De este nuevo concepto de lo real extrae la literatura moderna una de sus mejores energías. Lo que la anarquiza no es la fantasía en sí misma. Es esa exasperación del individuo y del subjetivismo que constituye uno de los síntomas de la crisis de la civilización occidental. La raíz de su mal no hay que buscarla en su exceso de ficciones, sino en la falta de una gran ficción que pueda ser su mito y su estrella.

El freudismo en la literatura contemporánea[30]

El *freudismo* en la literatura no es anterior ni posterior a Freud: le es simplemente coetáneo. Ortega y Gasset considera seguramente el *freudismo* como una de las ideas peculiares del siglo XX. (Más preciso sería tal vez decir intuiciones en vez de ideas.) Y, en efecto, el *freudismo* resulta incontestablemente una idea novecentista. El germen de la teoría de Freud estaba en la conciencia del mundo, desde antes del advenimiento oficial del psicoanálisis. El *freudismo* teórico, conceptual, activo, se ha propagado rápidamente por haber coincidido con el *freudismo* potencial, latente, pasivo. Freud no ha sido sino el agente, el instrumento de una revelación que tenía que encontrar quien la expresara racional y científicamente, pero de la que en nuestra civilización existía ya el presentimiento. Esto no disminuye naturalmente el mérito del descubrimiento de Freud. Por el contrario lo engrandece. La función del genio parece ser, precisamente, la de formular el pensamiento, la de traducir la intuición de una época.

La actitud freudista de la literatura contemporánea aparece evidente, mucho antes de que los estudios de Freud se vulgarizaran entre los hombres de letras. En un tiempo en que la tesis de Freud era apenas notoria a un público de psiquiatras, Pirandello y Proust —por no citar sino dos nombres sumos— presentan en su obra, rasgos bien netos de *freudismo*.

La presencia de Freud en la obra de Pirandello no aparece como resultado del conocimiento de la teoría del genial sabio vienés, sino en lo que Pirandello ha escrito en su estación de dramaturgo. Pero Pirandello antes que dramaturgo es novelista y, más específicamente, cuentista. Y en muchos de sus viejos cuentos, que ahora reúne en una colección de veinticuatro volúmenes, se encuentran procesos psicológicos del más riguroso *freudismo*. Pirandello ha hecho siempre psicología freudista en su literatura. No es por un mero deporte antirracionalista que su obra constituye una sátira acérrima, un ataque sañudo a la antigua concepción de la personalidad o psiquis humana. En el propio Matías Pascal, publicado hace veinticinco años, se percibe una larvada tendencia freudista. El protagonista pirandelliano, que ha muerto, como Matías Pascal, para todos, por la equivocada identifica-

30   *Variedades*, Lima (14 de agosto de 1926); OC, v. 6, págs. 36-42; MT, tomo I, págs. 561-563.

ción de un cadáver que tenía toda su filiación, y que quiere aprovechar este engaño para evadirse realmente del mundo que lo sofocaba y acaparaba, no consigue morir como tal para sí mismo. Adriano Meis, el nuevo hombre que quiere ser, no tiene ninguna realidad. No consigue librarse de Matías Pascal, obstinado en continuar viviendo. La infancia y la juventud del evadido gravitan en su conciencia más fuertemente que la voluntad. Y Matías Pascal regresa, resucita. Para volver a sentirse alguien real, el desventurado personaje pirandelliano, necesita dejar de ser la ficticia criatura surgida por artificio de un accidente.

En las últimas obras de Pirandello, este *freudismo* se torna consciente, deliberado. *Ciascuno al suo modo*,[31] por ejemplo, acusa la lectura y la adopción de Freud. Uno de los personajes, Doro Pallegari, ha hecho en una tertulia distinguida la defensa de una mujer, cuyo nombre no puede ser pronunciado en la buena sociedad sino para repudiarlo. Esta conducta es comentada con escándalo, al día siguiente, en la casa de Doro Pallegari, en momentos en que éste llega. Interpelado, Doro responde que ha procedido por reacción contra las exageraciones de su amigo Francisco Savio. No está convencido de lo que ha dicho defendiendo a Delia Morello. Todo lo contrario. Uno de los presentes, Diego Cinci, le sostiene entonces la tesis de que su verdadero sentimiento es el que ha hecho explosión la víspera. Quiero reproducir textualmente este pasaje:

«Diego: Tú le das la razón ahora a Francisco Savio. ¿Sabes por qué? Por reaccionar contra un sentimiento que alimentabas dentro sin saberlo.

Doro: ¡Pero no, absolutamente! Tú me haces reír.

Diego: ¡Sí, sí!

Doro: Me haces reír te digo.

Diego: En el hervor de la discusión de anoche te ha salido a flote y te ha aturdido y te ha hecho decir "cosas que no debes". Claro. Creer no haberlas pensado jamás, y en tanto, las has pensado, las has pensado!

Doro: ¿Cómo? ¿Cuándo?

Diego: A escondidas de ti mismo. ¡Querido mío! ¡Como existen los hijos ilegítimos existen también los pensamientos bastardos!

Doro: ¡Los tuyos sí!

---

31   Cada uno a su manera (N. de OC).

Diego: ¡También los míos! Tiende cada uno a desposar para toda la vida una sola alma, la más cómoda, aquélla que nos aporta en dote la facultad más apropiada para conseguir el estado al cual aspiramos; pero después, fuera del honesto techo conyugal de nuestra conciencia, tenemos relaciones y comercio sin fin con todas nuestras otras almas repudiadas que están abajo, en los subterráneos de nuestro ser, y de donde nacen actos, pensamientos que no queremos reconocer, o que, forzados, adoptamos o legitimamos con acomodamientos, reservas y cautelas. Ahora, rechazas tú este pobre pensamiento tuyo que has encontrado. ¡Pero míralo bien en los ojos: es tuyo! Tú estás enamorado de veras de Delia Morello. ¡Como un imbécil!».

En el resto de la comedia no se razona ni se teoriza más. Pero, en cambio, la acción misma y el desarrollo mismo son patéticamente freudianos. Pirandello ha adoptado a Freud con un entusiasmo que no se constata en los psicólogos y psiquiatras italianos, entre los cuales prevalece todavía una mentalidad positivista, que por lo demás se acuerda bastante con el temperamento italiano y latino. (Me referiré, a propósito, entre mis recientes lecturas, a una obra en dos gruesos volúmenes del profesor Enrico Morselli —*La psicanalisi*, 1926, Fratelli Bocca, Turín— para apuntar, marginalmente, que el eminente psiquiatra italiano, cita con distinción los trabajos del profesor peruano Honorio Delgado, a quien señala como uno de los mejores expositores de la doctrina de Freud.)

El caso de Proust es más curioso aún. El parentesco de la obra de Proust, con la teoría de Freud, ha sido detenidamente estudiado en Francia —otro país donde el *freudismo* ha encontrado más favor en la literatura que en la ciencia— por el malogrado director de la N.R.F.[32] Jacques Riviére, quien, con irrecusable autoridad, afirma que Proust conocía a Freud de nombre solamente y que no había leído jamás una línea de sus libros. Proust y Freud coinciden en su desconfianza del yo, en lo cual Riviére los encuentra en oposición a Bergson, cuya psicología se funda a su juicio en la confianza del yo. Según Riviére, Proust «ha aplicado instintivamente el método definido por Freud». De otro lado, «Proust es el primer novelista que ha osado tener en cuenta, en la explicación de los caracteres, el factor sexual». El testimonio de Riviére, establece, en suma, que Freud y Proust, simultáneamente, sin-

---

32 *Nouvelle Revue Française* (Nueva Revista Francesa, n. de OC).

crónicamente, el uno como artista, el otro como psiquiatra, han empleado un mismo método psicológico, sin conocerse, sin comunicarse.

En la actualidad, el *freudismo* aparece difundo a tal punto entre los literatos que Jean Cocteau, que no se escapa tampoco a la influencia psicoanalista, propone a los jóvenes escritores la siguiente plegaria: «¡Dios mío, guárdame de creer en el mal del siglo, protégeme de Freud, impídeme escribir el libro esperado!». François Mauriac, a quien la Academia Francesa, acaba de premiar por su novela *Le desert de l'amour*, constata con un cierto orgullo que la generación de novelistas a la que él pertenece escribe bajo el signo de Proust y de Freud, agregando en cuanto le respecta: «Cuando yo escribí *Le baiser au lepreux* y *Le fleuve de feu*, no había leído una línea de Freud y a Proust casi no lo conocía. Además, yo no he querido deliberadamente que mis héroes fuesen tales como son».

Esta corriente freudista, se extiende cada día más en todas las literaturas. El espíritu latino parece el menos apto para entender y aceptar las teorías psicoanalistas, a las cuales sus impugnadores italianos y franceses reprochan su fondo nórdico y teutón, cuando no su raíz judía. Ya hemos visto, sin embargo, cómo los dos literatos más representativos de Francia y de Italia se caracterizan por su método freudiano y cómo la nueva generación de novelistas franceses se muestra sensiblemente influida por el psicoanálisis. La propagación —y en algunos casos la exageración— del *freudismo* en las otras literaturas, no puede, por consiguiente, sorprendernos. Juzgándola por lo que conozco —mis otros estudios y lecturas no me consienten demasiada pesquisa literaria— señalaré a Waldo Frank, autor de la novela *Rahab* sobre la cual publiqué una rápida impresión, como el escritor que en la literatura norteamericana cala más hondamente en la subconsciencia de sus personajes. Judío, Waldo Frank, pone en el mecanismo espiritual de éstos, al lado de un misticismo mesianista, un sexualismo que se podría llamar religioso. Y para no detenerme siempre en casos demasiado ilustres y notorios, escogeré, como última estación de mi itinerario, en la lejana ribera de la nueva literatura rusa, casi desconocida hasta ahora en español, el caso de Boris Pilniak. El factor sexual tiene un rol primario en los personajes de este escritor. Y pertenece a uno de ellos —la camarada Xenia Ordynina— la siguiente tesis pansexualista: «Karl Marx ha debido cometer un error. No ha tenido en cuenta sino el hambre física. No ha tenido en cuenta el otro factor: el amor, el amor rojo y fuerte como la sangre. El sexo, la familia, la raza: la humanidad no se ha equivocado adorando al sexo. Sí, hay un hambre física y un hambre sexual. Pero esto no es exacto: se debe decir, más bien, hambre física y religión del sexo, religión de la sangre. Yo siento a veces, hasta el sufrimiento físico, real, que el mundo entero, la civilización, la humanidad, todas las cosas, las sillas, las butacas, los vestidos, las cómodas, están penetrados de sexualidad —no, penetrados no es exacto...— y también el pueblo, la nación, el Estado, ese pañuelo, el pan, el cinturón. Yo no soy la única que pienso así. La cabeza me da vueltas a veces y yo siento que la Revolución está impregnada de sexualidad».

Freud, en un agudo estudio sobre *Las resistencias al psicoanálisis*, examina el origen y el carácter de éstas en los medios científicos y filosóficos. Entre los adversarios del psicoanálisis señala al filósofo y al médico. Monopolizado por la polémica, Freud se olvida en este ensayo de dedicar algunas palabras de reconocimiento a los poetas y a los literatos. Aunque las resistencias al psicoanálisis no son, según Freud, de naturaleza intelectual, sino de origen afectivo, cabe la hipótesis de que, por su inspiración subconsciente, por su proceso irracional, el arte y la poesía tenían que comprender, mejor que la ciencia, su doctrina.

La vida que me diste

Renací en tu carne cuatrocentista como la de la Primavera de Botticelli. Te elegí entre todas, porque te sentí la más diversa y la más distante. Estabas en mi destino. Eras el designio de Dios. Como un batel corsario, sin saberlo, buscabas para anclar la rada más serena. Yo era el principio de muerte; tú eres el principio de vida. Tuve el presentimiento de ti en la pintura ingenua del cuatrocientos. Empecé a amarte antes de conocerte, en un cuadro primitivo. Tu salud y tu gracia antiguas esperaban mi tristeza de sudamericano pálido y cenceño. Tus rurales colores de doncella de Siena fueron mi primera fiesta. Y tu posesión tónica, bajo el cielo latino, enredó en mi alma una serpentina de alegría.

Por ti, mi ensangrentado camino tiene tres auroras. Y ahora que estás un poco marchita, un poco pálida, sin tus antiguos colores de Madonna toscana, siento que la vida que te falta es la vida que me diste.

Arte, revolución y decadencia[33]

Conviene apresurar la liquidación de un equívoco que desorienta a algunos artistas jóvenes. Hace falta establecer, rectificando ciertas definiciones presurosas, que no todo el arte nuevo es revolucionario, ni es tampoco verdaderamente nuevo. En el mundo contemporáneo coexisten dos almas, las de la revolución y la decadencia. Solo la presencia de la primera confiere a un poema o un cuadro valor de arte nuevo.

No podemos aceptar como nuevo un arte que no nos trae sino una nueva técnica. Eso sería recrearse en el más falaz de los espejismos actuales. Ninguna estética puede rebajar el trabajo artístico a una cuestión de técnica. La técnica nueva debe corresponder a un espíritu nuevo también. Si no, lo único que cambia es el paramento, el decorado. Y una revolución artística no se contenta de conquistas formales.

La distinción entre las dos categorías coetáneas de artistas no es fácil. La decadencia y la revolución, así como coexisten en el mismo mundo, coexisten también en los mismos individuos. La conciencia de arte es el circo agonal de una lucha entre los dos espíritus. La comprensión de esta lucha, a veces, casi siempre, escapa al propio artista. Pero finalmente uno de los espíritus prevalece. El otro queda estrangulado en la arena.

La decadencia de la civilización capitalista se refleja en la atomización, en la disolución de su arte. El arte, en esta crisis, ha perdido ante todo su unidad esencial. Cada uno de sus principios, cada uno de sus elementos ha reivindicado su autonomía. Secesión es su término más característico. Las escuelas se multiplican hasta lo infinito porque no operan sino fuerzas centrífugas.

Pero esta anarquía, en la cual muere, irreparablemente escindido y disgregado el espíritu del arte burgués, preludia y prepara un orden nuevo. Es la transición del tramonto al alba. En esta crisis se elaboran dispersamente los elementos del arte del porvenir. El cubismo, el dadaísmo, el expresionismo, etc., al mismo tiempo que acusan una crisis, anuncian una reconstrucción. Aisladamente cada movimiento no trae una fórmula; pero todos concurren —aportando un elemento, un valor, un principio—, a su elaboración.

---

33 *Amauta*, Lima, 3 de noviembre de 1926; págs. 3-4; OC, v. 6, págs. 18-22; MT, tomo I, págs. 553-554.

El sentido revolucionario de las escuelas o tendencias contemporáneas no está en la creación de una técnica nueva. No está tampoco en la destrucción de la técnica vieja. Está en el repudio, en el desahucio, en la befa del absoluto burgués. El arte se nutre siempre, conscientemente o no —esto es lo de menos— del absoluto de su época. El artista contemporáneo, en la mayoría de los casos, lleva vacía el alma. La literatura de la decadencia es una literatura sin absoluto. Pero así, solo se puede hacer unos cuantos pasos. El hombre no puede marchar sin una fe, porque no tener fe es *patiner sur place*.[34] El artista que más exasperadamente escéptico y nihilista se confiesa es, generalmente, el que tiene más desesperada necesidad de un mito.

Los futuristas rusos se han adherido al comunismo: los futuristas italianos se han adherido al fascismo. ¿Se quiere mejor demostración histórica de que los artistas no pueden sustraerse a la gravitación política? Massimo Bontempelli dice que en 1920 se sintió casi comunista y en 1923, el año de la marcha a Roma, se sintió casi fascista. Ahora parece fascista del todo. Muchos se han burlado de Bontempelli por esta confesión. Yo lo defiendo: lo encuentro sincero. El alma vacía del pobre Bontempelli tenía que adoptar y aceptar el Mito que colocó en su ara Mussolini. (Los vanguardistas italianos están convencidos de que el fascismo es la Revolución.)

Vicente Huidobro pretende que el arte es independiente de la política. Esta aserción es tan antigua y caduca en sus razones y motivos que yo no la concebiría en un poeta ultraísta, si creyese a los poetas ultraístas en grado de discurrir sobre política, economía y religión. Si política es para Huidobro, exclusivamente, la del Palais Bourbon,[35] claro está que podemos reconocerle a su arte toda la autonomía que quiera. Pero el caso es que la política, para los que la sentimos elevada a la categoría de una religión, como dice Unamuno, es la trama misma de la historia. En las épocas clásicas, o de plenitud de un orden, la política puede ser solo administración y parlamento; en las épocas románticas o de crisis de un orden, la política ocupa el primer plano de la vida.

Así lo proclaman, con su conducta, Louis Aragon, André Breton y sus compañeros de la revolución suprarrealista —los mejores espíritus de la van-

---

34 Patinar sobre el mismo sitio (N. de OC).
35 Nombre del palacio donde se reúne, actualmente, la Cámara de Diputados de Francia (N. de OC).

guardia francesa— marchando hacia el comunismo. Drieu La Rochelle que cuando escribió *Mesure de la France* y *Plainté contre inconnu*, estaba tan cerca de ese estado de ánimo, no ha podido seguirlos; pero, como tampoco ha podido escapar a la política, se ha declarado vagamente fascista y claramente reaccionario.

Ortega y Gasset es responsable, en el mundo hispano, de una parte de este equívoco sobre el arte nuevo. Su mirada así como no distinguió escuelas ni tendencias, no distinguió, al menos en el arte moderno, los elementos de revolución de los elementos de decadencia. El autor de *La deshumanización del arte* no nos dio una definición del arte nuevo. Pero tomó como rasgos de una revolución los que corresponden típicamente a una decadencia. Esto lo condujo a pretender, entre otras cosas, que «la nueva inspiración es siempre, indefectiblemente, cósmica». Su cuadro sintomatológico, en general, es justo; pero su diagnóstico es incompleto y equivocado.

No basta el procedimiento. No basta la técnica. Paul Morand, a pesar de sus imágenes y de su modernidad, es un producto de decadencia. Se respira en su literatura una atmósfera de disolución. Jean Cocteau, después de haber coqueteado un tiempo con el dadaísmo, no sale ahora con su *rappel a l'ordre*.[36]

Conviene esclarecer la cuestión, hasta desvanecer el último equívoco. La empresa es difícil. Cuesta trabajo entenderse sobre muchos puntos. Es frecuente la presencia de reflejos de la decadencia en el arte de vanguardia, hasta cuando, superando el subjetivismo, que a veces lo enferma, se propone metas realmente revolucionarias. Hidalgo, ubicando a Lenin, en un poema de varias dimensiones, dice que los «senos salomé» y la «peluca a la garçonne» son los primeros pasos hacia la socialización de la mujer. Y de esto no hay que sorprenderse. Existen poetas que creen que el jazz band es un heraldo de la revolución.

Por fortuna quedan en el mundo artistas como Bernard Shaw, capaces de comprender que el «arte no ha sido nunca grande, cuando no ha facilitado una iconografía para una religión viva; y nunca ha sido completamente despreciable, sino cuando ha imitado la iconografía, después de que la religión se había vuelto una superstición». Este último camino parece ser el

---

36

que varios artistas nuevos han tomado en la literatura francesa y en otras. El porvenir se reirá de la bienaventurada estupidez con que algunos críticos de su tiempo los llamaron «nuevos» y hasta «revolucionarios».

Reivindicación de Jorge Manrique[37]

Desde que el pasadismo de la nostalgiosa literatura colonialista convirtió en un lema la frase «todo tiempo pasado fue mejor», me visita frecuentemente la idea de romper una lanza por la justa fama del poeta de las Coplas, pero no he sentido hasta ahora la urgencia de esta reivindicación —que me parece de la específica competencia de la historiografía literaria— porque un rápido examen del asunto me conducía siempre a la conclusión de que Jorge Manrique no resultaba realmente comprometido por dicho lema. El «todo tiempo pasado fue mejor» de los postrománticos, no era ya su verso, era un lugar común amamantado por todas las nostalgias, así prosaicas como poéticas. Era una frase propia del pasadismo. No por cierto una frase nueva sino una frase vieja —de otro modo carecería de título para presidir el vocabulario pasadista—, pero en ningún caso la misma de Jorge Manrique, un lugar común que está en una de sus coplas, sin expresar y mucho menos condensar su poesía. Y que en esa copla tiene un subsidiario oficio dialéctico.

Pero la crítica no se conforma con un lema anónimo. Y además se complace en suponer a cada cosa una genealogía preclara. Entre sus hábitos mentales se cuenta todavía el de no poder prescindir de la búsqueda del precursor. Y así sucede que si el pasadismo, o tradicionalismo, no invoca ni reclama a Jorge Manrique, el juicio público le atribuye esta filiación.

Nomenclatura apresurada, clasificación errónea, que sanciona sin embargo la cátedra. Luis Alberto Sánchez llama ya jorgemanriquismo a este tradicionalismo, al cual él, Jorge Manrique, es absolutamente extraño.

La necesidad de la rectificación deviene por tanto apremiante. Hoy no cabe duda de que la poesía española de Jorge Manrique está cubriendo un grueso contrabando de prosa criolla. Este contrabando primero le tomó un verso; ahora, el nombre.

Es tiempo de protestar contra el capcioso conato, exonerando a Jorge Manrique de la responsabilidad que una posteridad memorista, aunque de mala memoria, más pegada siempre a la letra que al espíritu de los libros y de los autores, pretende echarle encima.

---

37 *Mundial*, Lima, 18 de noviembre de 1927; OC, v. 6, págs. 126-130; MT, tomo I, págs. 648-649.

Hay que comenzar por la cita cabal de la copla a la cual pertenece el calumniado verso:

Recuerde el alma dormida
Avive el seso y despierte
Contemplando
Cómo se pasa la vida,
Cómo se viene la muerte
Tan callando:

Cuan presto se va el placer,
Cómo, después de acordado,
Da dolor,
Cómo a nuestro parecer
Cualquier tiempo pasado
Fue mejor.

Caducidad de lo terreno, reza el epígrafe que Jorge Manrique puso a estos versos, escritos en memoria y alabanza de su padre, el maestre don Rodrigo. Palabras que explicarían toda la filosofía de las coplas, si en estas mismas no estuviera clara y entera. Con acendrado pesimismo cristiano, el poeta nos previene contra la falacia de las ilusiones, lo mismo de hoy que de ayer. La frase «todo tiempo pasado fue mejor» no afirma nada. Está enteramente subordinada al verso anterior: «cómo a nuestro parecer». No tiene ninguna autonomía. Nada más artificioso, por consiguiente, que arrancarla del texto en el cual tiene una función negativa, para imponerle valor propio y calidad sustancial.

Jorge Manrique, no era en su tiempo —tan lejano del nuestro— pasadista ni tradicionalista. Su filosofía era rigurosamente la de un místico medioeval. Era la filosofía de la España Católica que resistió el Renacimiento y la Reforma, y reafirmó intransigente su ortodoxia en la Contrarreforma. Filosofía que ignora la vanidad del presente como la vanidad del pasado, porque concibe la vida terrena como preparación para la vida eterna. Pesimismo integral y activo que renuncia a la Tierra, porque ambiciona el cielo. Ninguna nostalgia pesarosa del pasado puede alentar el que escribió estos versos:

Dellas deshace la edad,
dellas casos desastrados
que acaecen,
dellas, por su calidad,
en los más altos estados
desfallecen.

Decidme: la hermosura
la gentil frescura y tez
de la cara,
la color y la blancura,
cuando viene la vejez
¿cuál se para?
Las mañas y ligereza,
y la fuerza corporal
de juventud,
todo se torna graveza
cuando llega al arrabal
de senectud.

Pues la sangre de los godos,
el linaje y la nobleza
tan crecida,
¡Por cuantas vías y modos
se pierde su gran alteza
en esta vida!

Unos por poco valer,
¡por cuán bajos y abatidos
que los tienen!
Y otros, por no tener,

con oficios no debidos
se mantienen.

Los estados y riqueza,
que nos dejan a deshora
¿quién lo duda?
No les pidamos firmeza,
pues que son de una señora
que se muda.
Que bienes son de Fortuna,
que revuelve con su rueda
presurosa,
la cual no puede ser una
ni estar estable ni queda
en una cosa.

La poesía de Jorge Manrique se enlaza por estos versos con esa mística que, como lo proclama Unamuno, es acaso la única genuina filosofía española. La única que vive porque vivió y, como escribe también el maestro de Salamanca, «lo que ha vivido vivirá». Filosofía a la que no se puede sospechar de pasadismo, no solo porque más que idea era acto, sino porque miraba a la inmortalidad. Actitud ambiciosa y futurista, porque ¿qué futurismo más absoluto que el del místico, desdeñoso del presente y del pasado por amor de lo divino y de lo eterno?

Jorge Manrique no es responsable sino de su poesía. No le imputemos ningún lema ajeno a su verdadero pensar. Releamos sus versos sin atenernos a especiosos fragmentos, ficticiamente recortados. Con su poesía tiene que ver la tradición, pero no los tradicionalistas, viva y móvil. La crean los que la niegan, para renovarla y enriquecerla. La matan los que la quieren muerta y fija, prolongación del pasado en un presente sin fuerzas, para incorporar en ella su espíritu y para meter en ella su sangre.

Heterodoxia de la tradición[38]

He escrito al final de mi artículo «La reivindicación de Jorge Manrique»: Con su poesía tiene que ver la tradición, pero no los tradicionalistas. Porque la tradición es, contra lo que desean los tradicionalistas, viva y móvil. La crean los que la niegan para renovarla y enriquecerla. La matan los que la quieren muerta y fija, prolongación de un pasado en un presente sin fuerzas, para incorporar en ella su espíritu y para meter en ella su sangre. Estas palabras merecen ser solícitamente recalcadas y explicadas. Desde que las he escrito, me siento convidado a estrenar una tesis revolucionaria de la tradición. Hablo, claro está, de la tradición entendida como patrimonio y continuidad histórica.

¿Es cierto que los revolucionarios la reniegan y la repudian en bloque? Esto es lo que pretenden quienes se contentan con la gratuita fórmula: revolucionarios iconoclastas. Pero, ¿no son más que iconoclastas los revolucionarios? Cuando Marinetti invitaba a Italia a vender sus museos y sus monumentos, quería solo afirmar la potencia creadora de su patria, demasiado oprimida por el peso de un pasado abrumadoramente glorioso. Habría sido absurdo tomar al pie de la letra su vehemente extremismo. Toda doctrina revolucionaria actúa sobre la realidad por medio de negaciones intransigentes que no es posible comprender sino interpretándolas en su papel dialéctico.

Los verdaderos revolucionarios, no proceden nunca como si la historia empezara con ellos. Saben que representan fuerzas históricas, cuya realidad no les permite complacerse con la ultraísta ilusión verbal de inaugurar todas las cosas. Marx extrajo del estudio completo de la economía burguesa, sus principios de política socialista. Toda la experiencia industrial y financiera del capitalismo, está en su doctrina anticapitalista. Proudhon, de quien todos conocen la frase iconoclasta, mas no la obra prolija, cimentó sus ideales en un arduo análisis de las instituciones y costumbres sociales, examinando de sus raíces hasta el suelo y el aire de que se nutrieron. Y Sorel, en quien Marx y Proudhon se reconcilian, se mostró profundamente preocupado no solo de la formación de la conciencia jurídica del proletariado, sino de la influencia

---

38   *Mundial*, Lima, 25 de noviembre de 1927; OC, v. 11, págs. 117-120; MT, tomo I, págs. 324-326.

de la organización familiar y de sus estímulos morales, así en el mecanismo de la producción como en el entero equilibrio social. No hay que identificar a la tradición con los tradicionalistas. El tradicionismo —no me refiero a la doctrina filosófica sino a una actitud política o sentimental que se resuelve invariablemente en mero conservantismo— es, en verdad, el mayor enemigo de la tradición. Porque se obstina interesadamente en definirla como un conjunto de reliquias inertes y símbolos extintos. Y en compendiarla en una receta escueta y única.

La tradición, en tanto, se caracteriza precisamente por su resistencia a dejarse aprehender en una fórmula hermética. Como resultado de una serie de experiencias —esto es de sucesivas transformaciones de la realidad bajo la acción de un ideal que la supera consultándola y la modela obedeciéndola—, la tradición es heterogénea y contradictoria en sus componentes. Para reducirla a un concepto único, es preciso contentarse con su esencia, renunciando a sus diversas cristalizaciones.

Los monarquistas franceses construyen toda su doctrina, sobre la creencia de que la tradición de Francia, es fundamentalmente aristocrática y monárquica, idea concebible únicamente por gentes enteramente hipnotizadas por la imagen de la Francia de Carlo Magno. René Johannet, reaccionario también, pero de otra estirpe, sostiene que la tradición de Francia es absolutamente burguesa y que la nobleza, en la que depositan su recalcitrante esperanza Maurras y sus amigos, está descartada como clase dirigente desde que, para subsistir, ha tenido que aburguesarse. Pero el cimiento social de Francia son sus familias campesinas, su artesanado laborioso. Está averiguado el papel de los descamisados en el período culminante de la revolución burguesa. De manera que si en la praxis del socialismo francés entrara la declamación nacionalista, el proletariado de Francia podría también descubrirle a su país, sin demasiada fatiga, una cuantiosa tradición obrera.

Lo que esto nos revela es que la tradición aparece particularmente invocada, y aún ficticiamente acaparada, por los menos aptos para recrearla. De lo cual nadie debe asombrarse. El pasadista tiene siempre el paradójico destino de entender el pasado muy inferiormente al futurista. La facultad de pensar la historia y la facultad de hacerla o crearla, se identifican. El revolucionario, tiene del pasado una imagen un poco subjetiva acaso, pero animada y viviente, mientras que el pasadista es incapaz de representárselo en su inquietud y su fluencia. Quien no puede imaginar el futuro, tampoco puede, por lo general, imaginar el pasado.

No existe, pues, un conflicto real entre el revolucionario y la tradición, sino para los que conciben la tradición como un museo o una momia. El conflicto es efectivo solo con el tradicionalismo. Los revolucionarios encarnan la voluntad de la sociedad de no petrificarse en un estadio, de no inmovilizarse en una actitud. A veces la sociedad pierde esta voluntad creadora, paralizada por una sensación de acabamiento o desencanto. Pero entonces se constata, inexorablemente, su envejecimiento y su decadencia.

La tradición de esta época, la están haciendo los que parecen a veces negar, iconoclastas, toda tradición. De ellos, es, por lo menos, la parte activa. Sin ellos, la sociedad acusaría el abandono o la abdicación de la voluntad de vivir renovándose y superándose incesantemente.

Maurice Barrés legó a sus discípulos una definición algo fúnebre de la patria: «La Patria es la tierra de los muertos». Barrés mismo era un hombre de aire fúnebre y mortuorio, que, según Valle-Inclán, semejaba físicamente un cuervo mojado. Pero las generaciones postbélicas están frente al dilema de enterrar con los despojos de Barrés su pensamiento de paysan solitario dominado por el culto excesivo del suelo y de sus difuntos o de resignarse a ser enterrada ella misma después de haber sobrevivido sin un pensamiento propio nutrido de su sangre y de su esperanza. Idéntica es su situación ante el tradicionalismo.

Gómez Carrillo[39]

Un entero capítulo del periodismo hispanoamericano, el del apogeo del cronista, principia y termina con Enrique Gómez Carrillo. Capítulo concluido con la guerra, que desalojó de la primera plana de los diarios los tópicos de miscelánea, a favor de los tópicos de historia. Con su fin vino un período de decadencia, no precisamente de la crónica, sino del cronista. La crónica ha pasado a manos más graves, o más finas: Araquistáin o Gómez de la Serna. El cronista tiene ahora un lugar subsidiario.

La opinión pública, «emperatriz nómade» como la llama Lucien Romier, condecoró a Gómez Carrillo con el título de «príncipe de los cronistas». Coronación honoraria, parisiense, democrática, efímera, con algo de la reina de carnaval. Gómez Carrillo ejerció su principado con la alegría bohemia de una griseta. Tenía para todo, la maleabilidad y el mimetismo del criollo, su pasta blanca del mundano innato.

Pertenecía literariamente a una época en que el alma de la América española se prendó de un París finisecular y en que la prosa y la poesía hispanoamericanas se afrancesaron algo versallescamente. Rubén Darío, hijo del trópico como Gómez Carrillo, aunque como gran poeta más americano, menos deraciné,[40] condensa, reúne y preside este fenómeno a través del cual nuestra América no asimiló tanto a la Sorbona como al boulevard. Boulevard arriba, boulevard abajo, caminaba todavía Fray Candil, cuando, en 1919, me instalé yo por primera vez en la terraza de un café de París a pocos pasos del Café Napolitano, donde Gómez Carrillo completaba una peña instable y compósita. Pero ya ni el boulevard ni Fray Candil interesaban como antes. Por el boulevard habían pasado la guerra, el armisticio, la victoria. Y a la América española le había nacido un alma nueva.

A las generaciones postbélicas, Europa le sirve para descubrir y entender a América. Tramonta, cada día más, esa literatura de «emigrados» que, en la crónica, representa Gómez Carrillo. El cosmopolitismo —que puede parecer a algunos un rasgo común de una y otra época literaria— nos conduce al autoctonismo. Además el cosmopolitismo de ahora es distinto del de ayer, también cosa de boulevard, emoción de París. Gómez Carrillo visitó Jerusalén y

39 *Variedades*, Lima (3 de diciembre de 1927); OC, v. 7, págs. 126-128; MT, tomo I, págs. 650-651.
40 Desarraigado (N. de OC).

el Japón, sin abandonar sentimental ni literariamente su café parisiense. Con él viajaban siempre sus recuerdos literarios, sus clichés sentimentales. No nos dio nunca por esto una visión directa y profunda de las ciudades, de los pueblos. Amó y sintió a los paisajes, según su literatura. No descubrió jamás un tópico origen, un sentimiento inédito. Por esto, ignoró siempre a América. Su nomadismo intelectual prefería el último exotismo de moda en un París más Henri Bataille que Paul Bourget. *Jerusalén la Tierra Santa*, El *Japón heroico y galante*, *Flores de penitencia* son otras tantas estaciones del itinerario sentimental de un burgués parisiense de su tiempo. Tiempo de voluptuoso y crepuscular esnobismo que se enamoraba versátil lo mismo de Mata Hari que de San Francisco. Anatole France, Gabriel D'Annunzio, diversos pero no contrarios, resumen su espíritu: culto galante de la «mujer fatal» sobre todas las mujeres, epicureísmo, humanismo y donjuanismo burgueses; helenismo de biblioteca y misticismo de menopausia; libídine fatigada y lujo industrial y rastacuero; *La Falena* y *El martirio de San Sebastián*. Una decadencia no es siquiera la exasperada y frenética de *La noche de Charlotemburgo*. Porque no es todavía la noche sino el crepúsculo.

Gómez Carrillo, partía de un cabaret a la Tebaida. De su viaje libresco —literatura— no imaginación, regresaba con sus artificiales «flores de penitencia». Sabía que un público de gustos inestables se serviría sus morosos y ficticios éxtasis cristianos con la misma gana que su última crónica sobre un escándalo del demi-monde.[41] Cortesano de los gustos de su clientela, Gómez Carrillo, esquivó lo difícil, se movió siempre sobre la superficie de las cosas que era casi siempre lisa y brillante como un azulejo. La forma en Gómez Carrillo no era estructura ni volumen; no era sino superficie, y a lo sumo esmalte. El rasgo de la «crónica» de su tiempo era la facilidad. Rasgo característico. Nuestro tiempo ama y busca lo difícil; no lo raro. La literatura difícil, como lo observa Thibaudet, conquista por primera vez la popularidad, el mercado.

El «cronista» típico carece de opiniones. Reemplaza el pensamiento con impresiones que casi siempre coinciden con las del público. Gómez Carrillo era sobre todo un impresionista. Esto era lo que en él había de característi-

---

41   Mundo de la llamada «alta sociedad» (N. de OC).

camente tropical y criollo. Impresionismo, he allí el rasgo más peculiar de la América española o mestiza. Impresionismo: color, esmalte, superficie.

Esquema de una explicación de Chaplin[42]

El tema Chaplin me parece, dentro de cualquiera explicación de nuestra época, no menos considerable que el tema Lloyd George o el tema MacDonald (si le buscamos equivalentes en solo la Gran Bretaña). Muchos han encontrado excesiva la aserción de Henri Poulaille de que *The Gold Rush* («En pos del oro», «La quimera del oro» son traducciones apenas aproximadas de ese título), es la mejor novela contemporánea. Pero –localizando siempre a Chaplin en su país– creo que, en todo caso, la resonancia humana de *The Gold Rush* sobrepasa largamente a la del *Esquema de historia universal* de míster H. G. Wells y a la del teatro de Bernard Shaw. Este es un hecho que Wells y Shaw serían, seguramente los primeros en reconocer. (Shaw exagerándolo bizarra y extremadamente, y Wells atribuyéndolo algo melancólico a la deficiencia de la instrucción secundaria.)

La imaginación de Chaplin elige, para sus obras, asuntos de categoría no inferior al regreso de Matusalén o la reivindicación de Juana de Arco: el oro, el circo. Y, además, realiza sus ideas con mayor eficacia artística: el intelectualismo reglamentario de los guardianes del orden estético se escandalizará por esta proposición. El éxito de Chaplin se explica, según sus fórmulas mentales, del mismo modo que el de Alejandro Dumas o Eugenio Sué. Pero, sin recurrir a las razones de Bontempelli sobre la novela de intriga, ni suscribir su revaluación de Alejandro Dumas, este juicio simplista queda descalificado tan luego se recuerda que el arte de Chaplin es gustado, con la misma fruición, por doctos y analfabetos, por literatos y por boxeadores. Cuando se habla de la universalidad de Chaplin no se apela a la prueba de su popularidad. Chaplin tiene todos los sufragios: los de la mayoría y las minorías. Su fama es a la vez rigurosamente aristocrática y democrática. Chaplin es un verdadero tipo de élite, para todos los que no olvidamos que élite quiere decir electa.

La búsqueda, la conquista del oro, el gold rush ha sido el capítulo romántico, la fase bohemia de la epopeya capitalista. La época capitalista comienza en el instante en que Europa renuncia a encontrar la teoría del oro para buscar solo el oro real, el oro físico. El descubrimiento de América está, por

---

42 *Variedades*, Lima (6 y 13 de octubre de 1928); *Amauta*, Lima (18, octubre de 1928), págs. 66-71; OC, v. 3, págs. 55-62; MT, tomo I, págs. 514-517.

esto sobre todo, tan íntima y fundamentalmente ligado a su historia. (Canadá y California: grandes estaciones de su itinerario.) Sin duda, la revolución capitalista fue, principalmente, una revolución tecnológica: su primera gran victoria es la máquina; su máxima invención, el capital financiero. Pero el capitalismo no ha conseguido nunca emanciparse del oro, a pesar de la tendencia de las fuerzas productoras a reducirlo a un símbolo. El oro no ha cesado de insidiar su cuerpo y su alma. La literatura burguesa ha negligido, sin embargo, casi totalmente este tema. En el siglo décimo nono, solo Wagner lo siente y lo expresa en su manera grandiosa y alegórica. La novela del oro aparece en nuestros días: *L'Or* de Blaise Cendrars, *Tripes d'Or* de Crommelynk, son dos especímenes distintos pero afines de esta literatura. *The Gold Rush* pertenece, también, legítimamente, a ella. Por este lado, el pensamiento de Chaplin y las imágenes en que se vierte, nacen de una gran intuición actual. Es inminente la creación de una gran sátira contra el oro. Tenemos ya sus anticipaciones. La obra de Chaplin aprehende algo que se agita vivamente en la subsconsciencia del mundo.

Chaplin encarna, en el cine, al bohemio. Cualquiera que sea su disfraz, imaginamos siempre a Chaplin en la traza vagabunda de Charlot. Para llegar a la más honda y desnuda humanidad, al más puro y callado drama, Chaplin necesita absolutamente la pobreza y el hambre de Charlot, la bohemia de Charlot, el romanticismo y la insolvencia de Charlot. Es difícil definir exactamente al bohemio. Navarro Monzó —para quien San Francisco de Asís, Diógenes y el propio Jesús serían la sublimación de esta estirpe espiritual— dice que el bohemio es la antítesis del burgués. Charlot es antiburgués por excelencia. Está siempre listo para la aventura, para el cambio, para la partida. Nadie lo concibe en posesión de una libreta de ahorros. Es un pequeño Don Quijote, un juglar de Dios, humorista y andariego.

Era lógico, por tanto, que Chaplin solo fuera capaz de interesarse por la empresa bohemia, romántica del capitalismo: la de los buscadores de oro. Charlot podía partir a Alaska, enrolado en la codiciosa y miserable falange que salía a descubrir el oro con sus manos en la montaña abrupta y nevada. No podía quedarse a obtenerlo, con arte capitalista, del comercio, de la industria, de la bolsa. La única manera de imaginar a Charlot rico era ésta. El final de *The Gold Rush* —que algunos hallan vulgar, porque preferirían que

Charlot regresara a su bohemia descamisada— es absolutamente justo y preciso. No obedece mínimamente a razones de técnica yanqui.

Toda la obra está insuperablemente construida. El elemento sentimental, erótico, interviene en su desarrollo como medida matemática, con rigurosa necesidad artística y biológica. Jim McKay encuentra a Charlot, su antiguo compañero de penuria y de andanza, en el instante exacto en que Charlot, en tensión amorosa, tomará con una energía máxima la resolución de acompañarlo en busca de la ingente mina perdida. Chaplin, autor, sabe que la exaltación erótica es un estado propicio a la creación, al descubrimiento. Como Don Quijote, Charlot tiene que enamorarse antes de emprender su temerario viaje. Enamorado vehemente y bizarramente enamorado, es imposible que Charlot no halle la mina. Ninguna fuerza, ningún accidente, puede detenerlo. No importaría que Jim McKay, oscurecido su cerebro por el golpe que borró su memoria y extravió su camino, se engañase. Charlot hallaría de todos modos la mina fabulosa. Su *pathos* le da una fuerza suprarreal. La avalancha, en vendaval, son impotentes para derrotarlo. En el borde de un precipicio, tendrá sobrada energía para rechazar la muerte y dar un volatín sobre ella. Tiene que regresar de este viaje, millonario. ¿Y quién podía ser, dentro de la contradicción de la vida, el compañero lógico de su aventura victoriosa? ¿Quién, sino este Jim McKay, este tipo feroz, brutal, absoluto, de buscador de oro que, desesperado de hambre en la montaña, quiso un día asesinar a Charlot para comérselo? McKay tiene rigurosa, completamente, la constitución del perfecto buscador de oro. No es excesiva ni fantástica la ferocidad que Chaplin le atribuye, famélico, desesperado. McKay no podía ser el héroe cabal de esta novela si Chaplin no lo hubiese concebido resuelto, en caso extremo, a devorar a su compañero. La primera obligación del buscador de oro es vivir. Su razón es darwiniana y despiadadamente individualista.

En esta obra, Chaplin, no solo se ha apoderado genialmente de una idea artística de su época, sino que la ha expresado en términos de estricta psicología científica. *The Gold Rush* confirma a Freud. Desciende, en cuanto al mito, de la tetralogía wagneriana. Artística, espiritualmente, excede, hoy, al teatro de Pirandello y a la novela de Proust y de Joyce.

El circo es espectáculo bohemio, arte de bohemio por excelencia. Por este lado, tiene su primera y más entrañable afinidad con Chaplin. *El circo* y el cinema, de otro lado, acusan un visible parentesco, dentro de su autonomía de técnica y de esencia. *El circo*, aunque de manera y con estilo distintos, es movimiento de imágenes como el cinema. La pantomima es el origen del arte cinematográfico, mudo por excelencia, a pesar del empeño de hacerlo hablar. Chaplin, precisamente, procede de la pantomima, o sea del circo. El cinema ha asesinado al teatro, en cuanto teatro burgués. Contra el circo no ha podido hacer nada. Le ha quitado a Chaplin, artista de cinema, espíritu de circo, en que está vivo todo lo que de bohemio, de romántico, de nómada hay en el circo. Bontempelli ha despedido sin cumplimientos al viejo teatro burgués, literario, palabrero. El viejo circo, en tanto, está vivo, ágil, idéntico. Mientras el teatro necesita reformarse, rehacerse, retornando al «misterio» medioeval, al espectáculo plástico, a la técnica agonal o circense, o acercándose al cinema con el acto sintético de la escena móvil, el circo no necesita sino continuarse: en su tradición encuentra todos sus elementos de desarrollo y prosecución.

La última película de Chaplin es, subconscientemente, un retorno sentimental al circo, a la pantomima. Tiene, espiritualmente, mucho de evasión de Hollywood. Es significativo que esto no haya estorbado sino favorecido una acabada realización cinematográfica. He encontrado en una sazonada revista de vanguardia,[43] reparos a *El circo*, como obra artística. Opino todo lo contrario. Si lo artístico, en el cinema, es sobre todo lo cinematográfico, con *El circo* Chaplin ha dado como nunca en el blanco. *El circo* es pura y absolutamente cinematográfico. Chaplin ha logrado, en esta obra, expresarse solo en imágenes. Los letreros están reducidos al mínimum. Y podría habérseles suprimido totalmente, sin que el espectador se hubiese explicado menos la comedia.

Chaplin proviene, según un dato en que insiste siempre su biografía, de una familia de clowns, de artistas de circo. En todo caso, él mismo ha sido clown en su juventud. ¿Qué fuerza ha podido sustraerlo a este arte, tan consonante con su ánima de bohemio? La atracción del cinema, de Hollywood, no me parece la única y ni siquiera la más decisiva. Tengo el gusto de las explicaciones históricas, económicas y políticas y, aún en este caso, creo posible intentar una, quizá más seria que humorística.

---

43   Pulso (Buenos Aires), Director: Alberto Hidalgo (n. del autor).

El clown inglés representa el máximo grado de evolución del payaso. Está lo más lejos posible de esos payasos muy viciosos, excesivos, estridentes, mediterráneos, que estamos acostumbrados a encontrar en los circos viajeros, errantes. Es un mimo elegante, mesurado, matemático, que ejerce su arte con una dignidad perfectamente anglicana. A la producción de este tipo humano, la Gran Bretaña ha llegado —como a la par del pur sang de carrera o de caza—, conforme a un darwiniano y riguroso principio de selección. La risa y el gesto del clown son una nota esencial, clásica, de la vida británica; una rueda y un movimiento de la magnífica máquina del Imperio. El arte del clown es un rito; su comicidad, absolutamente seria. Bernard Shaw, metafísico y religioso, no es en su país, otra cosa que un clown que escribe. El clown no constituye un tipo, sino más bien una institución, tan respetable como la Cámara de los Lores. El arte del clown significa el domesticamiento de la bufonería salvaje y nómada del bohemio, según el gusto y las necesidades de una refinada sociedad capitalista. La Gran Bretaña ha hecho con la risa del clown de circo lo mismo que con el caballo árabe: educarlo con arte capitalista y zootécnico, para puritano recreo de su burguesía manchesteriana y londinense. El clown ilustra notablemente la evolución de las especies.

Aparecido en una época de exacto y regular apogeo británico, ningún clown, ni aún el más genial Chaplin, habría podido desertar de su arte. La disciplina de la tradición, la mecánica de la costumbre, no perturbadas ni sacudidas, habrían bastado para frenar automáticamente cualquier impulso de evasión. El espíritu de la severa Inglaterra corporativa era bastante en un período de normal evolución británica, para mantener la fidelidad al oficio, al gremio. Pero Chaplin ha ingresado a la historia en un instante en que el eje del capitalismo se desplazaba sordamente de la Gran Bretaña a Norteamérica. El desequilibrio de la maquinaria británica registrado tempranamente por su espíritu ultrasensible, ha operado sobre sus ímpetus centrífugos y secesionistas. Su genio ha sentido la atracción de la nueva metrópoli del capitalismo. La libra esterlina bajo el dólar, la crisis de la industria carbonera, el paro en los telares de Manchester, la agitación autonomista de las colonias, la nota de Eugenio Chen sobre Hankow, todos estos síntomas de un aflojamiento de la potencia británica, han sido presentidos por Chaplin —receptor alerta de los más secretos mensajes de la época—, cuando de una ruptura del equilibrio interno del clown, nació Charlot, el artista de cinema. La gravitación de los Estados Unidos, en veloz crecimiento capitalista, no podía dejar de arrancar a Chaplin a un sino de clown que se habría cumplido normalmente hasta el fin, sin una serie de fallas en las corrientes de alta tensión de la historia británica. ¡Qué distinto habría sido el destino de Chaplin en la época victoriana, aunque ya entonces el cinema y Hollywood hubiesen encendido sus reflectores!

Pero Estados Unidos no se ha asimilado espiritualmente a Chaplin. La tragedia de Chaplin, el humorismo de Chaplin, obtienen su intensidad de un íntimo conflicto entre el artista y Norteamérica. La salud, la energía, el élan de Norteamérica retienen y excitan al artista; pero su puerilidad burguesa, su prosaísmo arribista, repugnan al bohemio, romántico en el fondo. Norteamérica, a su vez, no ama a Chaplin. Los gerentes de Hollywood, como bien se sabe, lo estiman subversivo, antagónico. Norteamérica siente que en Chaplin existe algo que le escapa. Chaplin estará siempre sindicado de bolchevismo, entre los neocuáqueros de la finanza y la industria yanquis.

De esta contradicción, de este contraste, se alimenta uno de los más grandes y puros fenómenos artísticos contemporáneos. El cinema consiente a Chaplin asistir a la humanidad en su lucha contra el dolor con una extensión y simultaneidad que ningún artista alcanzó jamás. La imagen de este bohemio trágicamente cómico, es un cuotidiano viático de alegría para los cinco continentes. El arte logra, con Chaplin, el máximo de su función hedonística y libertadora. Chaplin alivia, con su sonrisa y su traza dolidas, la tristeza del mundo. Y concurre a la miserable felicidad de los hombres, más que ninguno de sus estadistas, filósofos, industriales y artistas.

El proceso de la literatura

I. Testimonio de parte

La palabra proceso tiene en este caso su acepción judicial. No escondo ningún propósito de participar en la elaboración de la historia de la literatura peruana. Me propongo, solo, aportar mi testimonio a un juicio que considero abierto. Me parece que en este proceso se ha oído hasta ahora, casi exclusivamente, testimonios de defensa, y que es tiempo de que se oiga también testimonios de acusación. Mi testimonio es convicta y confesamente un testimonio de parte. Todo crítico, todo testigo, cumple consciente o inconscientemente, una misión. Contra lo que baratamente pueda sospecharse, mi voluntad es afirmativa, mi temperamento es de constructor, y nada me es más antitético que el bohemio puramente iconoclasta y disolvente; pero mi misión ante el pasado, parecer ser la de votar en contra. No me eximo de cumplirla, ni me excuso por su parcialidad. Piero Gobetti, uno de los espíritus con quienes siento más amorosa asonancia, escribe en uno de sus admirables ensayos: «El verdadero realismo tiene el culto de las fuerzas que crean los resultados, no la admiración de los resultados intelectualísticamente contemplados *a priori*. El realista sabe que la historia es un reformismo, pero también que el proceso reformístico, en vez de reducirse una diplomacia de iniciados, es producto de los individuos en cuanto operen como revolucionarios, a través de netas afirmaciones de contrastantes exigencias».[44]

Mi crítica renuncia a ser imparcial o agnóstica, si la verdadera crítica puede serlo, cosa que no creo absolutamente. Toda crítica obedece a preocu-

---

44 Piero Gobetti, *Ópera crítica*, parte prima, pág. 88. Gobetti insiste en varios pasajes de su obra en esta idea, totalmente concorde con el dialecticismo marxista, que en modo absoluto excluye esas síntesis *a priori* tan fácilmente acariciadas por el oportunismo mental de los intelectuales. Trazando el perfil de Domenico Giuliotti, compañero de Papini en la aventura intelectual del *Dizionario dell'uomo salvatico*, escribe Gobetti: «A los individuos tocan las posiciones netas; la conciliación, la transacción es obra de la historia tan solo; es un resultado» (*op. cit.*, pág. 82). Y en el mismo libro, al final de unos apuntes sobre la concepción griega de la vida, afirma: «El nuevo criterio de la verdad es un trabajo en armonía con la responsabilidad de cada uno. Estamos en el reino de la lucha (lucha de los hombres contra los hombres, de las clases contra las clases, de los Estados contra los Estados) porque solamente a través de la lucha se tiemplan fecundamente las capacidades y cada uno, defendiendo con intransigencia su puesto, colabora al proceso vital».

paciones de filósofo, de político, o de moralista. Croce ha demostrado lúcidamente que la propia crítica impresionista o hedonista de Jules Lemaitre, que se suponía exenta de todo sentido filosófico, no se sustraía más que la de Saint Beuve, al pensamiento, a la filosofía de su tiempo.[45]

El espíritu del hombre es indivisible; y yo no me duelo de esta fatalidad, por el contrario, la reconozco como una necesidad de plenitud y coherencia. Declaro, sin escrúpulo, que traigo a la exégesis literaria todas mis pasiones e ideas políticas, aunque, dado el descrédito y degeneración de este vocablo en el lenguaje corriente, debo agregar que la política en mí es filosofía y religión.

Pero esto no quiere decir que considere el fenómeno literario o artístico desde puntos de vista extraestéticos, sino que mi concepción estética se unimisma, en la intimidad de mi conciencia, con mis concepciones morales, políticas y religiosas, y que, sin dejar de ser concepción estrictamente estética, no puede operar independiente o diversamente.

Riva Agüero enjuició la literatura con evidente criterio «civilista». Su ensayo sobre «el carácter de la literatura del Perú independiente»[46] está en todas

45   Benedetto Croce, *Nuovi saggi di estetica*, ensayo sobre la crítica literaria como filosofía, págs. 205 a 207. El mismo volumen, descalificando con su lógica inexorable las tendencias estetistas e historicistas en la historiografía artística, ha evidenciado que «la verdadera crítica de arte es ciertamente crítica estética, pero no porque desdeñe la filosofía como la crítica pseudoestética, sino porque obra como filosofía o concepción del arte; y es crítica histórica, pero no porque se atenga a lo extrínseco del arte, como la crítica pseudohistórica, sino porque, después de haberse valido de los datos históricos para la reproducción fantástica (y hasta aquí no es todavía historia), obtenida ya la reproducción fantástica, se hace historia, determinando qué cosa es aquel hecho que ha reproducido en su fantasía, esto es caracterizando el hecho merced al concepto y estableciendo cuál es propiamente el hecho acontecido. De modo que las dos tendencias que están en contraste en las direcciones inferiores de la crítica, en la crítica coinciden; y "crítica histórica del arte" y "crítica estética" son lo mismo».

46   Aunque es un trabajo de su juventud, o precisamente por serlo, el Carácter de la literatura del Perú independiente traduce viva y sinceramente el espíritu y el sentimiento de su autor. Los posteriores trabajos de crítica literaria de Riva Agüero, no rectifican fundamentalmente esta tesis. El *Elogio del Inca Garcilaso* por la exaltación del genial criollo y de sus *Comentarios* reales podría haber sido el preludio de una nueva actitud. Pero en realidad, ni una fuerte curiosidad de erudito por la historia incaica, ni una fervorosa tentativa de interpretación del paisaje serrano, han disminuido en el espíritu de Riva Agüero la fidelidad a la Colonia. La estada en España ha agitado, en la medida que todos saben, su fondo conservador y virreinal. En un libro escrito en España, *El Perú histórico y artístico. Influencia y descendencia de los montañeses en él*, Santander: [s.l.], 1921, manifiesta una conside-

sus partes, inequívocamente transido no solo de conceptos políticos sino aun de sentimientos de casta. Es simultáneamente una pieza de historiografía literaria y de reivindicación política.

El espíritu de casta de los «encomenderos» coloniales, inspira sus esenciales proposiciones críticas que casi invariablemente se resuelven en españolismo, colonialismo, aristocratismo. Riva Agüero no prescinde de sus preocupaciones políticas y sociales, sino en la medida en que juzga la literatura con normas de preceptista, de académico, de erudito; y entonces su prescindencia es solo aparente porque, sin duda, nunca se mueve más ordenadamente su espíritu dentro de la órbita escolástica y conservadora. Ni disimula demasiado Riva Agüero el fondo político de su crítica, al mezclar a sus valoraciones literarias consideraciones antihistóricas respecto al presunto error en que incurrieron los fundadores de la independencia prefiriendo la república a la monarquía, y vehementes impugnaciones de la tendencia a oponer a los oligárquicos partidos tradicionales, partidos de principios, por el temor de que provoquen combates sectarios y antagonismos sociales. Pero Riva Agüero no podía confesar explícitamente la trama política de su exégesis: primero, porque solo posteriormente a los días de su obra, hemos aprendido a ahorrarnos muchos disimulos evidentes e inútiles; segundo, porque condición de predominio de su clase —la aristocracia «encomen-

---

ración acentuada de la sociedad incaica; pero en esto no hay que ver sino prudencia y ponderación de estudioso, en cuyos juicios pesa la opinión de Garcilaso y de los cronistas más objetivos y cultos. Riva Agüero constata que: «Cuando la Conquista, el régimen social del Perú entusiasmó a observadores tan escrupulosos como Cieza de León y a hombres tan doctos como el licenciado Polo de Ondegardo, el oidor Santillán, el jesuita autor de la *Relación Anónima* y el padre José de Acosta. Y, ¿quién sabe si en las veleidades socializantes y de reglamentación agraria del ilustre Mariana y de Pedro de Valencia (el discípulo de Arias Montano) no influiría, a más de la tradición platónica, el dato contemporáneo de la organización incaica, que tanto impresionó a cuantos la estudiaron?». No se exime Riva Agüero de rectificaciones como la de su primitiva apreciación de Ollantay, reconocido haber «exagerado mucho la inspiración castellana de la actual versión en una nota del ensayo sobre el Carácter de la literatura del Perú independiente» y que, en vista de estudios últimos, si Ollantay, sigue apareciendo como obra de un refundidor de la Colonia; «hay que admitir que el plan, los procedimientos poéticos, todos los cantares y muchos trozos son de tradición incaica, apenas levemente alterados por el redactor». Ninguna de estas leales comprobaciones de estudioso, anula empero el propósito ni el criterio de la obra, cuyo tono general es el de un recrudecido españolismo que, como homenaje a la metrópoli, tiende a reivindicar el españolismo «arraigado» del Perú.

dera»— era, precisamente, la adopción formal de los principios e instituciones de otra clase —la burguesía liberal— y, aunque se sintiese íntimamente monárquica, española y tradicionalista, esa aristocracia necesitaba conciliar anfibológicamente su sentimiento reaccionario con la práctica de una política republicana y capitalista y el respeto de una constitución demoburguesa.

Concluida la época de incontestada autoridad «civilista», en la vida intelectual del Perú, la tabla de valores establecida por Riva Agüero ha pasado a revisión con todas las piezas filiares y anexas.[47] Por mi parte, a su inconfesa parcialidad «civilista» o colonialista enfrento mi explícita parcialidad revolucionaria o socialista. No me atribuyo mesura ni equidad de árbitro: declaro mi pasión y mi beligerancia de opositor. Los arbitrajes, las conciliaciones se actúan en la historia, y a condición de que las partes se combatan con copioso y extremo alegato.

II. La literatura de la colonia

Materia primaria de unidad de toda literatura es el idioma. La literatura española, como la italiana y la francesa, comienzan con los primeros cantos y relatos escritos en esas lenguas. Solo a partir de la producción de obras propiamente artísticas, de méritos perdurables, en español, italiano y francés, aparecen respectivamente las literaturas española, italiana y francesa. La diferenciación de estas lenguas del latín no estaba aún acabada, y del latín se derivaban directamente todas ellas, consideradas por mucho tiempo como lenguaje popular. Pero la literatura nacional de dichos pueblos latinos nace, históricamente, con el idioma nacional, que es el primer elemento de demarcación de los confines generales de una literatura.

El florecimiento de las literaturas nacionales coincide, en la historia de Occidente, con la afirmación política de la idea nacional. Forma parte del

---

47   Discuto y critico preferentemente la tesis de Riva Agüero porque la estimo la más representativa y dominante, y el hecho de que a sus valoraciones se ciñan estudios posteriores, deseosos de imparcialidad crítica y ajenos a sus motivos políticos, me parece una razón más para reconocerle un carácter central y un poder fecundador. Luis Alberto Sánchez, en el primer volumen de *La literatura peruana*, admite que García Calderón en *Del romanticismo al modernismo*, dedicado a Riva Agüero, glosa, en verdad el libro de éste; y aunque años más tarde se documentara mejor para escribir su síntesis de *La literatura peruana*, no aumenta muchos datos a los ya apuntados por su amigo y compañero, el autor de *La historia en el Perú*, ni una orientación nueva, ni acude a la fuente popular indispensable.

movimiento que, a través de la Reforma y el Renacimiento, creó los factores ideológicos y espirituales de la revolución liberal y del orden capitalista. La unidad de la cultura europea, mantenida durante el Medioevo, por el latín y el Papado, se rompió a causa de la corriente nacionalista, que tuvo una de sus expresiones en la individualización nacional de las literaturas. El «nacionalismo» en la historiografía literaria, es por tanto un fenómeno de la más pura raigambre política, extraño a la concepción estética del arte. Tiene su más vigorosa definición en Alemania, desde la obra de los Schlegel, que renueva profundamente la crítica y la historiografía literarias. Francesco de Sanctis —autor de la justamente célebre *Storia della letteratura italiana*, de la cual Brunetière escribía con fervorosa admiración, «esta historia de la literatura italiana que yo no me canso de citar y que no se cansan en Francia de no leer»— considera característico de la crítica ochocentista «quel pregio de la nazionalitá, tanto stimato dai critici moderni e pel cuale lo Schlegel esalta il Calderón, nazionalissimo spagnuolo e deprime il Metastasio non punto italiano».[48]

La literatura nacional es en el Perú, como la nacionalidad misma, de irrenunciable filiación española. Es una literatura escrita, pensada y sentida en español, aunque en los tonos, y aun en la sintaxis y prosodia del idioma, la influencia indígena sea en algunos casos más o menos palmaria e intensa. La civilización autóctona no llegó a la escritura y, por ende, no llegó propia y estrictamente a la literatura, o más bien, ésta se detuvo en la etapa de los aedas, de las leyendas y de las representaciones coreográfico-teatrales. La escritura y la gramática quechuas son en su origen obra española y los escritos quechuas pertenecen totalmente a literatos bilingües como El Lunarejo, hasta la aparición de Inocencio Mamani, el joven autor de *Tucuípac*

---

48 Francesco de Sanctis, *Teoria e storia della letteratura*, v. I, pág. 186. Ya que he citado los *Nuovi saggi di estetica* de Croce, no debo dejar de recordar que, reprobando las preocupaciones excesivamente nacionalista y modernista, respectivamente, de las historias literarias de Adolfo Bartels y Ricardo Mauricio Meyer, Croce sostiene: «que no es verdad que los poetas y los otros artistas sean expresión de la conciencia nacional, de la raza, de la estirpe, de la clase, o de cualquiera otra cosa símil». La reacción de Croce contra el desorbitado nacionalismo de la historiografía literaria del siglo diecinueve, al cual sin embargo escapan obras como la de George Brandes, espécimen extraordinario de buen europeo, es extremada y excesiva como toda reacción; pero responde, en el universalismo vigilante y generoso de Croce, a la necesidad de resistir a las exageraciones de la imitación de los imperiales modelos germanos.

Munashcan.[49] La lengua castellana, más o menos americanizada, es el lenguaje literario y el instrumento intelectual de esta nacionalidad cuyo trabajo de definición aún no ha concluido.

En la historiografía literaria, el concepto de literatura nacional del mismo modo que no es intemporal, tampoco es demasiado concreto. No traduce una realidad mensurable e idéntica. Como toda sistematización, no aprehende sino aproximadamente la movilidad de los hechos. (La nación misma es una abstracción, una alegoría, un mito, que no corresponde a una realidad constante y precisa, científicamente determinable.) Remarcando el carácter de excepción de la literatura hebrea, *De Sanctis* constata lo siguiente: «Verdaderamente una literatura del todo nacional es una quimera. Tendría ella por condición un pueblo perfectamente aislado como se dice que es la China (aunque también en la China han penetrado hoy los ingleses). Aquella imaginación y aquel estilo que se llama hoy orientalismo, no es nada de particular al Oriente, sino más bien es del septentrión y de todas las literaturas barbáricas y nacientes. La poesía griega tenía de la asiática, y la latina de la griega y la italiana de la griega y la latina».[50]

El dualismo quechua-español del Perú, no resuelto aún, hace de la literatura nacional un caso de excepción que no es posible estudiar con el método válido para las literaturas orgánicamente nacionales, nacidas y crecidas sin la intervención de una conquista. Nuestro caso es diverso del de aquellos pueblos de América, donde la misma dualidad no existe, o existe en términos inocuos. La individualidad de la literatura argentina, por ejemplo, está en estricto acuerdo con una definición vigorosa de la personalidad nacional.

La primera etapa de la literatura peruana no podía eludir la suerte que le imponía su origen. La literatura de los españoles de la Colonia no es peruana; es española. Claro está que no por estar escrita en idioma español, sino por haber sido concebida con espíritu y sentimiento españoles. A este respecto, me parece que no hay discrepancia. Gálvez, hierofante del culto al Virreinato en su literatura, reconoce como crítico que «la época de la Colonia no produjo sino imitadores serviles e inferiores de la literatura española y

---

49 Véase en *Amauta*, Nos 12 y 14, las noticias y comentarios de Gabriel Collazos y José Gabriel Cossio sobre la comedia quechua de Inocencio Mamani, a cuya gestación no es probablemente extraño el ascendiente fecundador de Gamaliel Churata.

50 *De Sanctis, op. cit.*, págs. 186 y 187.

especialmente la gongórica de la que tomaron solo lo hinchado y lo malo y que no tuvieron la comprensión ni el sentimiento del medio, exceptuando a Garcilaso, que sintió la naturaleza y a Caviedes que fue personalísimo en sus agudezas y que en ciertos aspectos de la vida nacional, en la malicia criolla, puede y debe ser considerado como el lejano antepasado de Segura, de Pardo, de Palma y de Paz Soldán».[51]

Las dos excepciones, mucho más la primera que la segunda, son incontestables. Garcilaso, sobre todo, es una figura solitaria en la literatura de la Colonia. En Garcilaso se dan la mano dos edades, dos culturas. Pero Garcilaso es más inca que conquistador, más quechua que español. Es, también, un caso de excepción. Y en esto residen precisamente su individualidad y su grandeza.

Garcilaso nació del primer abrazo, del primer amplexo fecundo de las dos razas, la conquistadora y la indígena. Es, históricamente, el primer «peruano», si entendemos la «peruanidad» como una formación social, determinada por la conquista y la colonización españolas. Garcilaso llena con su nombre y su obra una etapa entera de la literatura peruana. Es el primer peruano, sin dejar de ser español. Su obra, bajo su aspecto histórico-estético, pertenece a la épica española. Es inseparable de la máxima epopeya de España: el descubrimiento y conquista de América.

Colonial, española, aparece la literatura peruana, en su origen, hasta por los géneros y asuntos de su primera época. La infancia de toda literatura, normalmente desarrollada, es la lírica.[52] La literatura oral indígena obedeció, como todas, esta ley. La Conquista trasplantó al Perú, con el idioma español, una literatura ya evolucionada, que continuó en la Colonia su propia trayectoria. Los españoles trajeron un género narrativo bien desarrollado que del poema épico avanzaba ya a la novela. Y la novela caracteriza la etapa literaria que empieza con la Reforma y el Renacimiento. La novela es, en buena

---

51   José Gálvez, *Posibilidad de una genuina literatura nacional*, pág. 7.

52   *De Sanctis*, en su *Teoria e storia della letteratura* (pág. 205) dice: «El hombre, en el arte como en la ciencia, parte de la subjetividad y por esto la lírica es la primera forma de la poesía. Pero de la subjetividad pasa después a la objetividad y se tiene la narración, en la cual la conmoción subjetiva es incidental y secundaria. El campo de la lírica es lo ideal, de la narración lo real: en la primera, la impresión es fin, la acción es ocasión; en la segunda sucede lo contrario; la primera no se disuelve en prosa sino destruyéndose; la segunda se resuelve en la prosa que es su natural tendencia».

cuenta, la historia del individuo de la sociedad burguesa; y desde este punto de vista no está muy desprovisto de razón Ortega y Gasset cuando registra la decadencia de la novela. La novela renacerá, sin duda, como arte realista, en la sociedad proletaria; pero, por ahora, el relato proletario, en cuanto expresión de la epopeya revolucionaria, tiene más de épica que de novela propiamente dicha. La épica medioeval, que decaía en Europa en la época de la Conquista, encontraba aquí los elementos y estímulos de un renacimiento. El conquistador podía sentir y expresar épicamente la Conquista. La obra de Garcilaso está, sin duda, entre la épica y la historia. La épica, como observa muy bien *De Sanctis*, pertenece a los tiempos de lo maravilloso.[53] La mejor prueba de la irremediable mediocridad de la literatura de la Colonia la tenemos en que, después de Garcilaso, no ofrece ninguna original creación épica. La temática de los literatos de la Colonia es, generalmente, la misma de los literatos de España, y siendo repetición o continuación de ésta, se manifiesta siempre en retardo, por la distancia. El repertorio colonial se compone casi exclusivamente de títulos que a leguas acusan el eruditismo, el escolasticismo, el clasicismo trasnochado de los autores. Es un repertorio de rapsodias y ecos, si no de plagios. El acento más personal es, en efecto, el de Caviedes, que anuncia el gusto limeño por el tono festivo y burlón. El Lunarejo, no obstante su sangre indígena, sobresalió solo como gongorista, esto es en una actitud característica de una literatura vieja que, agotado ya el Renacimiento, llegó al barroquismo y al culteranismo. El *Apologético en favor de Góngora* desde este punto de vista, está dentro de la literatura española.

III. El colonialismo supérstite

Nuestra literatura no cesa de ser española en la fecha de la fundación de la República. Sigue siéndolo por muchos años, ya en uno, ya en otro trasnochado eco del clasicismo o del romanticismo de la metrópoli. En todo caso, si no española, hay que llamarla por luengos años, literatura colonial.

---

53 «Son los tiempos de lucha —escribe *De Sanctis*— en los cuales la humanidad asciende de una idea a la otra y el intelecto no triunfa sin que la fantasía sea sacudida: cuando una idea ha triunfado y se desenvuelve en ejercicio pacífico no se tiene más la épica, sino la historia. El poema épico, por tanto, se puede definir como la historia ideal de la humanidad en su paso de una idea a otra» (ibíd.., pág. 207).

Por el carácter de excepción de la literatura peruana, su estudio no se acomoda a los usados esquemas de clasicismo, romanticismo y modernismo, de antiguo, medioeval y moderno, de poesía popular y literaria, etc. Y no intentaré sistematizar este estudio conforme la clasificación marxista en literatura feudal o aristocrática, burguesa y proletaria. Para no agravar la impresión de que mi alegato está organizado según un esquema político o clasista y conformarlo más bien a un sistema de crítica e historia artística, puedo construirlo con otro andamiaje, sin que esto implique otra cosa que un método de explicación y ordenación, y por ningún motivo una teoría que prejuzgue e inspire la interpretación de obras y autores.

Una teoría moderna —literaria, no sociológica— sobre el proceso normal de la literatura de un pueblo distingue en él tres períodos: un período colonial, un período cosmopolita, un período nacional. Durante el primer período un pueblo, literariamente, no es sino una colonia, una dependencia de otro. Durante el segundo período, asimila simultáneamente elementos de diversas literaturas extranjeras. En el tercero, alcanza una expresión bien modulada su propia personalidad y su propio sentimiento. No prevé más esta teoría de la literatura. Pero no nos hace falta, por el momento, un sistema más amplio.

El ciclo colonial se presenta en la literatura peruana muy preciso y muy claro. Nuestra literatura no solo es colonial en ese ciclo por su dependencia y su vasallaje a España; lo es, sobre todo, por su subordinación a los residuos espirituales y materiales de la Colonia. Don Felipe Pardo, a quien Gálvez arbitrariamente considera como uno de los precursores del peruanismo literario, no repudiaba la república y sus instituciones por simple sentimiento aristocrático; las repudiaba, más bien, por sentimiento godo. Toda la inspiración de su sátira —asaz mediocre por lo demás— procede de su mal humor de corregidor o de «encomendero» a quien una revolución ha igualado, en la teoría si no en el hecho, con los mestizos y los indígenas. Todas las raíces de su burla están en su instinto de casta. El acento de Pardo y Aliaga no es el de un hombre que se siente peruano sino el de un hombre que se siente español en un país conquistado por España para los descendientes de sus capitanes y de sus bachilleres.

Este mismo espíritu, en menores dosis, pero con los mismos resultados, caracteriza casi toda nuestra literatura hasta la generación *Colónida* que, iconoclasta ante el pasado y sus valores, acata, como su maestro, a González Prada y saluda, como su precursor a Eguren, esto es a los dos literatos más liberados de españolismo.

¿Qué cosa mantiene viva durante tanto tiempo en nuestra literatura la nostalgia de la Colonia? No es por cierto únicamente el pasadismo individual de los literatos. La razón es otra. Para descubrirla hay que sondear en un mundo más complejo que el que abarca regularmente la mirada del crítico. La literatura de un pueblo se alimenta y se apoya en su *substractum* económico y político. En un país dominado por los descendientes de los «encomenderos» y los oidores del Virreinato, nada era más natural, por consiguiente, que la serenata bajo sus balcones. La autoridad de la casta feudal reposaba en parte sobre el prestigio del Virreinato. Los mediocres literatos de una república que se sentía heredera de la Conquista no podían hacer otra cosa que trabajar por el lustre y brillo de los blasones virreinales. Únicamente los temperamentos superiores —precursores siempre, en todos los pueblos y en todos los climas, de las cosas por venir— eran capaces de sustraerse a esta fatalidad histórica, demasiado imperiosa para los clientes de la clase latifundista.

La flaqueza, la anemia, la flacidez de nuestra literatura colonial y colonialista provienen de su falta de raíces. La vida, como lo afirmaba Wilson, viene de la tierra. El arte tiene necesidad de alimentarse de la savia de una tradición, de una historia, de un pueblo. Y en el Perú la literatura no ha brotado de la tradición, de la historia, del pueblo indígenas. Nació de una importación de literatura española; se nutrió luego de la imitación de la misma literatura. Un enfermo cordón umbilical la ha mantenido unida a la metrópoli. Por eso no hemos tenido casi sino barroquismo y culteranismo de clérigos y oidores, durante el coloniaje; romanticismo y trovadorismo mal trasegados de los bisnietos de los mismos oidores y clérigos, durante la República.

La literatura colonial, malgrado algunas solitarias y raquíticas evocaciones al imperio y sus fastos, se ha sentido extraña al pasado incaico. Ha carecido absolutamente de aptitud e imaginación para reconstruirlo. A su historiógrafo Riva Agüero esto le ha parecido muy lógico. Vedado de estudiar y denunciar esta incapacidad, Riva Agüero se ha apresurado a justificarla, suscribiendo con complacencia y convicción el juicio de un escritor de la metrópoli. «Los sucesos del Imperio Incaico —escribe— según el muy exacto decir de un famoso crítico (Menéndez Pelayo) nos interesan tanto como pudieran interesarnos a los españoles de hoy las historias y consejas de los Turdetanos y Sarpetanos.» Y en las conclusiones del mismo ensayo dice: «El sistema que para americanizar la literatura se remonta hasta los tiempos anteriores a la Conquista, y trata de hacer vivir poéticamente las civilizaciones quechua y azteca, y las ideas y los sentimientos de los aborígenes, me parece el más estrecho e infecundo. No debe llamársele *americanismo* sino *exotismo*. Ya lo han dicho Menéndez Pelayo, Rubio y Juan Valera; aquellas civilizaciones o semicivilizaciones murieron, se extinguieron, y no hay modo de reanudar su tradición, puesto que no dejaron literatura. Para los criollos de raza española, son extranjeras y peregrinas y nada nos liga con ellas; y extranjeras y peregrinas son también para los mestizos y los indios cultos, porque la educación que han recibido los ha europeizado por completo. Ninguno de ellos se encuentra en la situación de Garcilaso de la Vega». En opinión de Riva Agüero —opinión característica de un descendiente de la Conquista, de un heredero de la Colonia, para quien constituyen artículos de fe los juicios de los eruditos de la Corte— «recursos mucho más abundantes ofrecen las expediciones españolas del XVI y las aventuras de la Conquista».[54]

Adulta ya la República, nuestros literatos no han logrado sentir el Perú sino como una colonia de España. A España partía, en pos no solo de modelos sino también de temas, su imaginación domesticada. Ejemplo: la *Elegía a la muerte de Alfonso XII* de Luis Benjamín Cisneros, que fue sin embargo, dentro de la desvaída y ramplona tropa romántica, uno de los espíritus más liberales y ochocentistas.

El literato peruano no ha sabido casi nunca sentirse vinculado al pueblo. No ha podido ni ha deseado traducir el penoso trabajo de formación de un Perú integral, de un Perú nuevo. Entre el Incario y la Colonia, ha optado por la Colonia. El Perú nuevo era una nebulosa. Solo el Incario y la Colonia existían neta y definidamente. Y entre la balbuceante literatura peruana y el Incario y el indio se interponía, separándolos e incomunicándolos, la Conquista.

Destruida la civilización incaica por España, constituido el nuevo Estado sin el indio y contra el indio, sometida la raza aborigen a la servidumbre, la

---

54 José de la Riva Agüero, Carácter de la literatura del Perú independiente, Lima, 1905.

literatura peruana tenía que ser criolla, costeña, en la proporción en que dejara de ser española. No pudo con esto surgir en el Perú una literatura vigorosa. El cruzamiento del invasor con el indígena no había producido en el Perú un tipo más o menos homogéneo. A la sangre ibera y quechua se había mezclado un copioso torrente de sangre africana. Más tarde la importación de coolíes debía añadir a esta mezcla un poco de sangre asiática. Por ende, no había un tipo sino diversos tipos de criollos, de mestizos. La función de tan disímiles elementos étnicos se cumplía, por otra parte, en un tibio y sedante pedazo de tierra baja, donde una naturaleza indecisa y negligente no podía imprimir en el blando producto de esta experiencia sociológica un fuerte sello individual.

Era fatal que lo heteróclito y lo abigarrado de nuestra composición étnica trascendiera a nuestro proceso literario. El orto de la literatura peruana no podía semejarse, por ejemplo, al de la literatura argentina. En la república del sur, el cruzamiento del europeo y del indígena produjo al gaucho. En el gaucho se fundieron perdurable y fuertemente la raza forastera y conquistadora y la raza aborigen. Consiguientemente la literatura argentina —que es entre las literaturas iberoamericanas la que tiene tal vez más personalidad— está permeada de sentimiento gaucho. Los mejores literatos argentinos han extraído del estrato popular sus temas y sus personajes. Santos Vega, Martín Fierro, Anastasio el Pollo, antes que en la imaginación artística, vivieron en la imaginación popular. Hoy mismo la literatura argentina, abierta a las más modernas y distintas influencias cosmopolitas, no reniega su espíritu gaucho. Por el contrario, lo reafirma altamente. Los más ultraístas poetas de la nueva generación se declaran descendientes del gaucho Martín Fierro y de su bizarra estirpe de payadores. Uno de los más saturados de occidentalismo y modernidad, Jorge Luis Borges, adopta frecuentemente la prosodia del pueblo.

Discípulos de Listas y Hermosillas, los literatos del Perú independiente, en cambio, casi invariablemente desdeñaron la plebe. Lo único que seducía y deslumbraba su cortesana y pávida fantasía de hidalgüelos de provincia era lo español, lo virreinal. Pero España estaba muy lejos. El Virreinato —aunque subsistiese el régimen feudal establecido por los conquistadores— pertenecía al pasado. Toda la literatura de esta gente da, por esto, la impresión de una literatura desarraigada y raquítica, sin raíces en su presente. Es una literatura de implícitos «emigrados», de nostálgicos sobrevivientes. Los pocos literatos vitales, en esta palúdica y clorótica teoría de cansinos y chafados retores, son los que de algún modo tradujeron al pueblo. La literatura peruana es una pesada e indigesta rapsodia de la literatura española, en todas las obras en que ignora al Perú viviente y verdadero. El ay indígena, la pirueta zamba, son las notas más animadas y veraces de esta literatura sin alas y sin vértebras. En la trama de las *Tradiciones* ¿no se descubre enseguida la hebra del chispeante y chismoso medio pelo limeño? Esta es una de las fuerzas vitales de la prosa del tradicionista. Melgar, desdeñado por los académicos, sobrevivirá a Althaus, a Pardo y a Salaverry, porque en sus yaravíes encontrará siempre el pueblo un vislumbre de su auténtica tradición sentimental y de su genuino pasado literario.

IV. Ricardo Palma, Lima y la colonia

El colonialismo —evocación nostálgica del Virreinato— pretende anexarse la figura de don Ricardo Palma. Esta literatura servil y floja, de sentimentaloides y retóricos, se supone consustanciada con las *Tradiciones*. La generación «futurista», que más de una vez he calificado como la más pasadista de nuestras generaciones, ha gastado la mejor parte de su elocuencia en esta empresa de acaparamiento de la gloria de Palma. Es este el único terreno en el que ha maniobrado con eficacia. Palma aparece oficialmente como el máximo representante del colonialismo.

Pero si se medita seriamente sobre la obra de Palma confrontándola con el proceso político y social del Perú y con la inspiración del género colonialista, se descubre lo artificioso y lo convencional de esta anexión. Situar la obra de Palma dentro de la literatura colonialista es no solo empequeñecerla sino también deformarla. Las *Tradiciones* no pueden ser identificadas con una literatura de reverente y apologética exaltación de la Colonia y sus fastos, absolutamente peculiar y característica, en su tonalidad y en su espíritu, de la académica clientela de la casta feudal.

Don Felipe Pardo y don José Antonio de Lavalle, conservadores convictos y confesos, evocaban la Colonia con nostalgia y con unción. Ricardo Palma, en tanto, la reconstruía con un realismo burlón y una fantasía irreverente y satírica. La versión de Palma es cruda y viva. La de los prosistas y poetas de la serenata bajo los balcones del Virreinato, tan grata a los oídos de la gente *ancien régime*, es devota y ditirámbica. No hay ningún parecido sustancial, ningún parentesco psicológico entre una y otra versión.

La suerte bien distinta de una y otra se explica fundamentalmente por la diferencia de calidad; pero se explica también por la diferencia de espíritu. La calidad es siempre espíritu. La obra pesada y académica de Lavalle y otros colonialistas ha muerto porque no puede ser popular. La obra de Palma vive, ante todo, porque puede y sabe serlo.

El espíritu de las *Tradiciones* no se deja mistificar. Es demasiado evidente en toda la obra. Riva Agüero que, en su estudio sobre el carácter de la literatura del Perú independiente, de acuerdo con los intereses de su gens y de su clase, lo coloca dentro del colonialismo, reconoce en Palma, «perteneciente a la generación que rompió con el amaneramiento de los escritores del coloniaje», a un literato «liberal e hijo de la República». Se siente a Riva Agüero íntimamente descontento del espíritu irreverente y heterodoxo de Palma.

Riva Agüero trata de rechazar este sentimiento, pero sin poder evitar que aflore netamente en más de un pasaje de su discurso. Constata que Palma «al hablar de la Iglesia, de los jesuitas, de la nobleza, se sonríe y hace sonreír al lector». Cuida de agregar que «con sonrisa tan fina que no hiere». Dice que no será él quien le reproche su volterianismo. Pero concluye confesando así su verdadero sentimiento: «A veces la burla de Palma, por más que sea benigna y suave, llega a destruir la simpatía histórica. Vemos que se encuentra muy desligado de las añejas preocupaciones, y que, a fuerza de estar libre de esas ridiculeces, no las comprende; y una ligera nube de indiferencia y desapego se interpone entonces entre el asunto y el escritor».[55]

Si el propio crítico e historiógrafo de la literatura peruana que ha juntado, solidarizándolos, el elogio de Palma y la apología de la Colonia, reconoce tan explícitamente la diferencia fundamental de sentimiento que distingue a Palma de Pardo y de Lavalle, ¿cómo se ha creado y mantenido el equívoco de una clasificación que virtualmente los confunde y reúne? La explicación es fácil. Este equívoco se ha apoyado, en su origen, en la divergencia personal

55   Ibíd., pág. 155.

entre Palma y González Prada; se ha alimentado, luego, del contraste espiritual entre «palmistas» y «pradistas». Haya de la Torre, en una carta sobre *Mercurio Peruano*, a la revista *Sagitario* de la Plata tiene una observación acertada: «Entre Palma que se burlaba y Prada que azotaba, los hijos de ese pasado y de aquellas castas doblemente zaheridas prefirieron el alfilerazo al látigo».[56] Pertenece al mismo Haya una precisa y, a mi juicio, oportuna e inteligente *mise au point* sobre el sentido histórico y político de las *Tradiciones*. «Personalmente —escribe—, creo que Palma fue tradicionista pero no tradicionalista. Creo que Palma hundió la pluma en el pasado para luego blandirla en alto y reírse de él. Ninguna institución u hombre de la Colonia y aun de la República escapó a la mordedura tantas veces tan certera de la ironía, el sarcasmo y siempre el ridículo de la jocosa crítica de Palma. Bien sabido es que el clero católico tuvo en la literatura de Palma un enemigo y que sus *Tradiciones* son el horror de frailes y monjas. Pero por una curiosa paradoja, Palma se vio rodeado, adulado y desvirtuado por una troupe de gente distinguida, intelectuales, católicos, niños bien y admiradores de apellidos sonoros.»[57]

No hay nada de extraño ni de insólito en que esta penetrante aclaración del sentido y la filiación de las *Tradiciones* venga de un escritor que jamás ha oficiado de crítico literario. Para una interpretación profunda del espíritu de una literatura, la mera erudición literaria no es suficiente. Sirven más la sensibilidad política y la clarividencia histórica. El crítico profesional considera la literatura en sí misma. No percibe sus relaciones con la política, la economía, la vida en su totalidad. De suerte que su investigación no llega al fondo, a la esencia de los fenómenos literarios. Y, por consiguiente, no acierta a definir los oscuros factores de su génesis ni de su subsciencia.

Una historia de la literatura peruana que tenga en cuenta las raíces sociales y políticas de ésta, cancelará la convención contra la cual hoy solo una vanguardia protesta. Se verá entonces que Palma está menos lejos de González Prada de lo que hasta ahora parece.[58]

---

56 Sagitario, n.º 3, 1926; y en Por la emancipación de la América Latina, Buenos Aires, 1927, pág. 139.
57 Op. cit., pág. 139.
58 En una carta a *Amauta* (No 4), Haya, impulsado por su entusiasmo, exagera, sin duda, esta reivindicación.

Las *Tradiciones* de Palma tienen, política y socialmente, una filiación democrática. Palma interpreta al medio pelo. Su burla roe risueñamente el prestigio del Virreinato y el de la aristocracia. Traduce el malcontento zumbón del demos criollo. La sátira de las *Tradiciones* no cala muy hondo ni golpea muy fuerte; pero, precisamente por esto, se identifica con el humor de un demos blando, sensual y azucarado. Lima no podía producir otra literatura. Las *Tradiciones*, agotan sus posibilidades. A veces se exceden a sí mismas.

Si la revolución de la Independencia hubiese sido en el Perú la obra de una burguesía más o menos sólida, la literatura republicana habría tenido otro tono. La nueva clase dominante se habría expresado, al mismo tiempo, en la obra de sus estadistas, y en el verbo, el estilo y la actitud de sus poetas, de sus novelistas y de sus críticos. Pero en el Perú el advenimiento de la República no representó el de una nueva clase dirigente.

La onda de la revolución era continental: no era casi peruana. Los liberales, los jacobinos, los revolucionarios peruanos, no constituían sino un manípulo. La mejor savia, la más heroica energía, se gastaron en las batallas y en los intervalos de la lucha. La República no reposaba sino en el ejército de la revolución. Tuvimos, por esto, un accidentado, un tormentoso período de interinidad militar. Y no habiendo podido cuajar en este período la clase revolucionaria, resurgió automáticamente la clase conservadora. Los «encomenderos» y terratenientes que, durante la revolución de la Independencia oscilaron ambiguamente, entre patriotas y realistas, se encargaron francamente de la dirección de la República. La aristocracia colonial y monárquica se metamorfoseó, formalmente, en burguesía republicana. El régimen económico-social de la Colonia se adaptó externamente a las instituciones creadas por la revolución. Pero la saturó de su espíritu colonial.

Bajo un frío liberalismo de etiqueta, latía en esta casta la nostalgia del Virreinato perdido.

El *demos* criollo o, mejor, limeño, carecía de consistencia y de originalidad. De rato en rato lo sacudía la clarinada retórica de algún caudillo incipiente. Mas, pasado el espasmo, caía de nuevo en su muelle somnolencia. Toda su inquietud, toda su rebeldía, se resolvían en el chiste, la murmuración y el epigrama. Y esto es precisamente lo que encuentra expresión literaria en la prosa socarrona de las *Tradiciones*.

Palma pertenece absolutamente a una mesocracia a la que un complejo conjunto de circunstancias históricas no consintió transformarse en una burguesía. Como esta clase compósita, como esta clase larvada, Palma guardó un latente rencor contra la aristocracia antañona y reaccionaria. La sátira de las *Tradiciones* hinca con frecuencia sus agudos dientes roedores en los hombres de la República. Mas, al revés de la sátira reaccionaria de Felipe Pardo y Aliaga, no ataca a la República misma. Palma, como el demos limeño, se deja conquistar por la declamación antioligárquica de Piérola. Y, sobre todo, se mantiene siempre fiel a la ideología liberal de la Independencia.

El colonialismo, el civilismo, por órgano de Riva Agüero y otros de sus portavoces intelectuales, se anexan a Palma, no solo porque esta anexión no presenta ningún peligro para su política sino, principalmente, por la irremediable mediocridad de su propio elenco literario. Los críticos de esta casta saben muy bien que son vanos todos los esfuerzos por inflar el volumen de don Felipe Pardo o don José Antonio de Lavalle. La literatura civilista no ha producido sino parvos y secos ejercicios de clasicismo o desvaídos y vulgares conatos románticos. Necesita, por consiguiente, acaparar a Palma para pavonearse, con derecho o no, de un prestigio auténtico.

Pero debo constatar que no solo el colonialismo es responsable de este equívoco. Tiene parte en él —como en mi anterior artículo lo observaba—, el «gonzález-pradismo». En un «ensayo acerca de las literaturas del Perú» de Federico More, hallo el siguiente juicio sobre el autor de las *Tradiciones*: «Ricardo Palma, representativo, expresador y centinela del Colonialismo, es un historizante anecdótico, divertido narrador de chascarrillos fichados y anaquelados. Escribe con vista a la Academia de la Lengua y, para contar los devaneos y discreteos de las marquesitas de pelo ensortijado y labios prominentes, quiere usar el castellano del siglo de oro».[59]

More pretende que de Palma quedará solo la «risilla chocarrera».

Esta opinión, para algunos, no reflejará más que una notoria ojeriza de More, a quien todos reconocen poca consecuencia en sus amores, pero a quien nadie niega una gran consecuencia en sus ojerizas. Pero hay dos razones para tomarla en consideración: 1.ª) La especial beligerancia que da

---

59   Federico More, «De un ensayo sobre las literaturas del Perú», *El Diario de la Marina*, La Habana, 1924; y *El Norte*, Trujillo, 1924.

a More su título de discípulo de González Prada. 2.ª) La seriedad del ensayo que contiene estas frases. En este ensayo More realiza un concienzudo esfuerzo por esclarecer el espíritu mismo de la literatura nacional. Sus aserciones fundamentales, si no íntegramente admitidas, merecen ser atentamente examinadas. More parte de un principio que suscribe toda crítica profunda. «La literatura —escribe— solo es traducción de un estado político y social.» El juicio sobre Palma pertenece, en suma, a un estudio al cual confieren remarcable valor las ideas y las tesis que sustenta; no a una panfletaria y volandera disertación de sobremesa. Y esto obliga a remarcarlo y rectificarlo. Pero al hacerlo conviene exponer y comentar las líneas esenciales de la tesis de More.

Ésta busca los factores raciales y las raíces telúricas de la literatura peruana. Estudia sus colores y sus líneas esenciales; prescinde de sus matices y de sus contornos complementarios. El método es de panfletario; no es de crítico. Esto da cierto vigor, cierta fuerza a las ideas, pero les resta flexibilidad. La imagen que nos ofrece de la literatura peruana es demasiado estática.

Pero si las conclusiones no son siempre justas, los conceptos en que reposan son, en cambio, verdaderos. More siente el dualismo peruano. Sostiene que en el Perú «o se es colonial o se es incaico». Yo, que reiteradamente he escrito que el Perú hijo de la Conquista es una formación costeña, no puedo dejar de declararme de acuerdo con More respecto al origen y al proceso del conflicto entre incaísmo y colonialismo. No estoy lejos de pensar como More que este conflicto, este antagonismo, «es y será por muchos años, clave sociológica y política de la vida peruana».

El dualismo peruano se refleja y se expresa, naturalmente, en la literatura. «Literariamente —escribe More—, el Perú preséntase, como es lógico, dividido. Surge un hecho fundamental: los andinos son rurales, los limeños urbanos. Y así las dos literaturas. Para quienes actúan bajo la influencia de Lima todo tiene idiosincrasia iberafricana: todo es romántico y sensual. Para quienes actuamos bajo la influencia del Cuzco, la parte más bella y honda de la vida se realiza en las montañas y en los valles y en todo hay subjetividad indescifrada y sentido dramático. El limeño es colorista: el serrano musical.

Para los herederos del coloniaje, el amor es un lance. Para los retoños de la raza caída, el amor es un coro transmisor de las voces del destino.»

Mas esta literatura serrana que More define con tanta vehemencia, oponiéndola a la literatura limeña o colonial, solo ahora empieza a existir seria y válidamente. No tiene casi historia, no tiene casi tradición. Los dos mayores literatos de la República, Palma y González Prada, pertenecen a Lima. Estimo mucho, como se verá más adelante, la figura de Abelardo Gamarra; pero me parece que More, tal vez, la superestima. Aunque en un pasaje de su estudio conviene en que «no fue, por desgracia Gamarra, el artista redondo y facetado, limpio y fulgente, el cabal hombre de letras que se necesita».

El propio More reconoce que «las regiones andinas, el incaísmo, aún no tienen el sumo escritor que sintetice y condense, en fulminantes y lucientes páginas, las inquietudes, las modalidades y las oscilaciones del alma incaica». Su testimonio sufraga y confirma, por ende, la tesis de que la literatura peruana hasta Palma y González Prada es colonial, es española. La literatura serrana, con la cual la confronta More, no ha logrado, antes de Palma y González Prada, una modulación propia. Lima ha impuesto sus modelos a las provincias. Peor todavía: las provincias han venido a buscar sus modelos a Lima. La prosa polémica del regionalismo y el radicalismo provincianos descienden de González Prada, a quien, en justicia, More, su discípulo, reprocha su excesivo amor a la retórica.

Gamarra es para More el representativo del Perú integral. Con Gamarra empieza, a su juicio, un nuevo capítulo de nuestra literatura. El nuevo capítulo comienza, en mi concepto, con González Prada que marca la transición del españolismo puro a un europeísmo más o menos incipiente en su expresión pero decisivo en sus consecuencias.

Pero Ricardo Palma, a quien More erróneamente designa como un «representativo, expresador y centinela del colonialismo», malgrado sus limitaciones, es también de este Perú integral que en nosotros principia a concretarse y definirse. Palma traduce el criollismo, el mestizaje, la mesocracia de una Lima republicana que, si es la misma que aclama a Piérola —más arequipeño que limeño en su temperamento y en su estilo—, es igualmente la misma que, en nuestro tiempo, revisa su propia tradición, reniega su abolengo colonial, condena y critica su centralismo, sostiene las reivindicaciones del indio y tiende sus dos manos a los rebeldes de provincias. More no distingue sino una Lima. La conservadora, la somnolienta, la frívola, la colonial. «No hay problema ideológico o sentimental —dice— que en Lima haya producido ecos. Ni el modernismo en literatura ni el marxismo en política, ni el símbolo en música ni el dinamismo expresionista en pintura han inquietado a los hijos de la ciudad sedante. La voluptuosidad es tumba de la inquietud.» Pero esto no es exacto. En Lima, donde se ha constituido el primer núcleo de industrialismo, es también donde, en perfecto acuerdo con el proceso histórico de la nación, se ha balbuceado o se ha pronunciado la primera resonante palabra de marxismo. More, un poco desconcertado de su pueblo, no lo sabe acaso, pero puede intuirlo. No faltan en Buenos Aires y La Plata quienes tienen título para enterarlo de las reivindicaciones de una vanguardia que en Lima como en el Cuzco, en Trujillo, en Jauja, representa un nuevo espíritu nacional.

La requisitoria contra el colonialismo, contra el «limeñismo» si así prefiere llamarlo More, ha partido de Lima. El proceso de la capital —en abierta pugna con lo que Luis Alberto Sánchez denomina «perricholismo», y con una pasión y una severidad que precisamente a Sánchez alarman y preocupan—, lo estamos haciendo hombres de la capital.[60] En Lima, algunos escritores que del esteticismo d'annunziano importado por Valdelomar habíamos evolucionado al criticismo socializante de la revista España, fundamos hace diez años *Nuestra Época*, para denunciar, sin reservas y sin compromisos con ningún grupo y ningún caudillo, las responsabilidades de la vieja política.[61] En Lima, algunos estudiantes, portavoces del nuevo espíritu, crearon hace cinco años las universidades populares e inscribieron en su bandera el nombre de González Prada.

Henríquez Ureña dice que hay dos Américas: una buena y otra mala. Lo mismo se podría decir de Lima. Lima no tiene raíces en el pasado autóctono.

---

60 Véase el ensayo «Regionalismo y Centralismo»; *7 ensayos de interpretación de la realidad peruana*, Véase edición de Linkgua.

61 De *Nuestra Época* (julio de 1918) se publicaron solo dos números, rápidamente agotados. En ambos números, se esboza una tendencia fuertemente influenciada por España, la revista de Araquistáin, que un año más tarde, reapareció en *La Razón*, efímero diario cuya más recordada campaña es la de la Reforma Universitaria.

Lima es la hija de la Conquista. Pero desde que, en la mentalidad y en el espíritu, cesa de ser solo española para volverse un poco cosmopolita, desde que se muestra sensible a las ideas y a las emociones de la época, Lima deja de aparecer exclusivamente como la sede y el hogar del colonialismo y españolismo. La nueva peruanidad es una cosa por crear. Su cimiento histórico tiene que ser indígena. Su eje descansará quizá en la piedra andina, mejor que en la arcilla costeña. Bien. Pero a este trabajo de creación, la Lima renovadora, la Lima inquieta, no es ni quiere ser extraña.

V. González Prada

González Prada es, en nuestra literatura, el precursor de la transición del período colonial al período cosmopolita. Ventura García Calderón lo declara «el menos peruano» de nuestros literatos. Pero ya hemos visto que hasta González Prada lo peruano en esta literatura no es aún peruano sino solo colonial. El autor de *Páginas libres*, aparece como un escritor de espíritu occidental y de cultura europea. Mas, dentro de una peruanidad por definirse, por precisarse todavía, ¿por qué considerarlo como el menos peruano de los hombres de letras que la traducen? ¿Por ser el menos español? ¿Por no ser colonial? La razón resulta entonces paradójica. Por ser la menos española, por no ser colonial, su literatura anuncia precisamente la posibilidad de una literatura peruana. Es la liberación de la metrópoli. Es, finalmente, la ruptura con el Virreinato.

Este parnasiano, este helenista, marmóreo, pagano, es histórica y espiritualmente mucho más peruano que todos, absolutamente todos, los rapsodistas de la literatura española anteriores y posteriores a él, en nuestro proceso literario. No existe seguramente en esta generación un solo corazón que sienta al malhumorado y nostálgico discípulo de Lista más peruano que el panfletario e iconoclasta acusador del pasado a que pertenecieron ese y otros letrilleros de la misma estirpe y el mismo abolengo.

González Prada no interpretó este pueblo, no esclareció sus problemas, no legó un programa a la generación que debía venir después. Mas representa, de toda suerte, un instante —el primer instante lúcido—, de la conciencia del Perú. Federico More lo llama un precursor del Perú nuevo, del Perú integral. Pero Prada, a este respecto, ha sido más que un precursor.

En la prosa de *Páginas libres*, entre sentencias alambicadas y retóricas, se encuentra el germen del nuevo espíritu nacional. «No forman el verdadero Perú —dice González Prada en el célebre discurso del Politeama de 1888— las agrupaciones de criollos y extranjeros que habitan la faja de tierra situada entre el Pacífico y los Andes; la nación está formada por las muchedumbres de indios diseminadas en la banda oriental de la cordillera.»[62]

Y aunque no supo hablarle un lenguaje desnudo de retórica, González Prada no desdeñó jamás a la masa. Por el contrario, reivindicó siempre su gloria oscura. Previno a los literatos que lo seguían contra la futilidad y la esterilidad de una literatura elitista. «Platón —les recordó en la conferencia del Ateneo— decía que en materia de lenguaje el pueblo era un excelente maestro. Los idiomas se vigorizan y retemplan en la fuente popular, más que en las reglas muertas de los gramáticos y en las exhumaciones prehistóricas de los eruditos. De las canciones, refranes y dichos del vulgo brotan las palabras originales, las frases gráficas, las construcciones atrevidas. Las multitudes transforman las lenguas como los infusorios modifican los continentes.» «El poeta legítimo —afirmó en otro pasaje del mismo discurso— se parece al árbol nacido en la cumbre de un monte: por las ramas, que forman la imaginación, pertenece a las nubes; por las raíces, que constituyen los afectos, se liga con el suelo.» Y en sus notas acerca del idioma ratificó explícitamente en otros términos el mismo pensamiento. «Las obras maestras se distinguen por la accesibilidad, pues no forman el patrimonio de unos cuantos elegidos, sino la herencia de todos los hombres con sentido común. Homero y Cervantes son ingenios democráticos: un niño les entiende. Los talentos que presumen de aristocráticos, los inaccesibles a la muchedumbre, disimulan lo vacío del fondo con lo tenebroso de la forma.» «Si Herodoto hubiera escrito como Gracián, si Píndaro hubiera cantado como Góngora, ¿habrían sido escuchados y aplaudidos en los juegos olímpicos? Ahí están los grandes agitadores de almas en los siglos XVI y XVIII, ahí está particularmente Voltaire con su prosa, natural como un movimiento respiratorio, clara como un alcohol rectificado.»[63]

62   González Prada, *Páginas libres*.
63   Ibíd.

Simultáneamente, González Prada denunció el colonialismo. En la conferencia del Ateneo, después de constatar las consecuencias de la ñoña y senil imitación de la literatura española, propugnó abiertamente la ruptura de este vínculo. «Dejemos las andaderas de la infancia y busquemos en otras literaturas nuevos elementos y nuevas impulsiones. Al espíritu de naciones ultramontanas y monárquicas prefiramos el espíritu libre y democrático del siglo. Volvamos los ojos a los autores castellanos, estudiemos sus obras maestras, enriquezcamos su armoniosa lengua; pero recordemos constantemente que la dependencia intelectual de España significaría para nosotros la definida prolongación de la niñez.»[64]

En la obra de González Prada, nuestra literatura inicia su contacto con otras literaturas. González Prada representa particularmente la influencia francesa. Pero le pertenece en general el mérito de haber abierto la brecha por la que debían pasar luego diversas influencias extranjeras. Su poesía y aun su prosa acusan un trato íntimo de las letras italianas. Su prosa tronó muchas veces contra las academias y los puristas, y, heterodoxamente, se complació en el neologismo y el galicismo. Su verso buscó en otras literaturas nuevos troqueles y exóticos ritmos.

Percibió bien su inteligencia el nexo oculto pero no ignoto que hay entre conservantismo ideológico y academicismo literario. Y combinó por eso el ataque al uno con la requisitoria contra el otro. Ahora que advertimos claramente la íntima relación entre las serenatas al Virreinato en literatura y el dominio de la casta feudal en economía y política, este lado del pensamiento de González Prada adquiere un valor y una luz nuevos.

Como lo denunció González Prada, toda actividad literaria, consciente o inconscientemente refleja un sentimiento y un interés políticos. La literatura no es independiente de las demás categorías de la historia. ¿Quién negará, por ejemplo, el fondo político del concepto en apariencia exclusivamente literario, que define a González Prada como el «menos peruano de nuestros literatos»? Negar peruanismo a su personalidad no es sino un modo de negar validez en el Perú a su protesta. Es un recurso simulado para descalificar y desvalorizar su rebeldía. La misma tacha de exotismo sirve hoy para combatir el pensamiento de vanguardia.

---

64 Ibíd.

Muerto Prada, la gente que no ha podido por estos medios socavar su ascendencia ni su ejemplo, ha cambiado de táctica. Ha tratado de deformar y disminuir su figura, ofreciéndole sus elogios comprometedores. Se ha propagado la moda de decirse herederos y discípulos de Prada. La figura de González Prada ha corrido el peligro de resultar una figura oficial, académica. Afortunadamente la nueva generación ha sabido insurgir oportunamente contra este intento.

Los jóvenes distinguen lo que en la obra de González Prada hay de contingente y temporal de lo que hay de perenne y eterno. Saben que no es la letra sino el espíritu lo que en Prada representa un valor duradero. Los falsos gonzález-pradistas repiten la letra; los verdaderos repiten el espíritu.

El estudio de González Prada pertenece a la crónica y a la crítica de nuestra literatura antes que a las de nuestra política. González Prada fue más literato que político. El hecho de que la trascendencia política de su obra sea mayor que su trascendencia literaria no desmiente ni contraría el hecho anterior y primario, de que esa obra, en sí, más que política es literaria.

Todos constatan que González Prada no fue acción sino verbo. Pero no es esto lo que a González Prada define como literato más que como político. Es su verbo mismo.

El verbo, puede ser programa, doctrina. Y ni en *Páginas libres* ni en *Horas de lucha* encontramos una doctrina ni un programa propiamente dichos. En los discursos, en los ensayos que componen estos libros, González Prada no trata de definir la realidad peruana en un lenguaje de estadista o de sociólogo. No quiere sino sugerirla en un lenguaje de literato. No concreta su pensamiento en proposiciones ni en conceptos. Lo esboza en frases de gran vigor panfletario y retórico, pero de poco valor práctico y científico. «El Perú es una montaña coronada por un cementerio.» «El Perú es un organismo enfermo: donde se aplica el dedo brota el pus.» Las frases más recordadas de González Prada delatan al hombre de letras: no al hombre de Estado. Son las de un acusador, no las de un realizador.

El propio movimiento radical aparece en su origen como un fenómeno literario y no como un fenómeno político. El embrión de la Unión Nacional o partido radical se llamó «Círculo Literario». Este grupo literario se transformó en grupo político obedeciendo al mandato de su época. El proceso biológico del Perú no necesitaba literatos sino políticos. La literatura es lujo, no es pan. Los literatos que rodeaban a González Prada sintieron vaga pero perentoriamente la necesidad vital de esta nación desgarrada y empobrecida. «El "Círculo Literario", la pacífica sociedad de poetas y soñadores —decía González Prada en su discurso del Olimpo de 1887—, tiende a convertirse en un centro militante y propagandista. ¿De dónde nacen los impulsos de radicalismo en literatura? Aquí llegan ráfagas de los huracanes que azotan a las capitales europeas, repercuten voces de la Francia republicana e incrédula. Hay aquí una juventud que lucha abiertamente por matar con muerte violenta lo que parece destinado a sucumbir con agonía inoportunamente larga, una juventud, en fin, que se impacienta por suprimir los obstáculos y abrirse camino para enarbolar la bandera roja en los desmantelados torreones de la literatura nacional.»[65]

González Prada no resistió el impulso histórico que lo empujaba a pasar de la tranquila especulación parnasiana a la áspera batalla política. Pero no pudo trazar a su falange un plan de acción. Su espíritu individualista, anárquico, solitario, no era adecuado para la dirección de una vasta obra colectiva.

Cuando se estudia el movimiento radical, se dice que González Prada no tuvo temperamento de conductor, de caudillo, de condotiero. Mas no es ésta la única constatación que hay que hacer. Se debe agregar que el temperamento de González Prada era fundamentalmente literario. Si González Prada no hubiese nacido en un país urgido de reorganización y moralización políticas y sociales, en el cual no podía fructificar una obra exclusivamente artística, no lo habría tentado jamás la idea de formar un partido.

Su cultura coincidía, como es lógico, con su temperamento. Era una cultura principalmente literaria y filosófica. Leyendo sus discursos y sus artículos, se nota que González Prada carecía de estudios específicos de economía y política. Sus sentencias, sus imprecaciones, sus aforismos, son de inconfundible factura e inspiración literarias. Engastado en su prosa elegante y bruñida, se descubre frecuentemente un certero concepto sociológico o histórico. Ya he citado alguno. Pero en conjunto, su obra tiene siempre el estilo y la estructura de una obra de literato.

---

65   Ibíd.

Nutrido del espíritu nacionalista y positivista de su tiempo, González Prada exaltó el valor de la ciencia. Mas esta actitud es peculiar de la literatura moderna de su época. La Ciencia, la Razón, el Progreso, fueron los mitos del siglo XIX. González Prada, que por la ruta del liberalismo y del enciclopedismo llegó a la utopía anarquista, adoptó fervorosamente estos mitos. Hasta en sus versos hallamos la expresión enfática de su racionalismo.

¡Guerra al menguado sentimiento!
¡Culto divino a la Razón!

Le tocó a González Prada enunciar solamente lo que hombres de otra generación debían hacer. Predicó realismo. Condenando los gaseosos verbalismos de la retórica tropical, conjuró a sus contemporáneos a asentar bien los pies en la tierra, en la materia. «Acabemos ya —dijo— el viaje milenario por regiones de idealismo sin consistencia y regresemos al seno de la realidad, recordando que fuera de la Naturaleza no hay más que simbolismos ilusorios, fantasías mitológicas, desvanecimientos metafísicos. A fuerza de ascender a cumbres enrarecidas, nos estamos volviendo vaporosos, aeriformes: solidifiquémonos. Más vale ser hierro que nube.»[66]

Pero él mismo no consiguió nunca ser un realista. De su tiempo fue el materialismo histórico. Sin embargo, el pensamiento de González Prada, que no impuso nunca límites a su audacia ni a su libertad, dejó a otros la empresa de crear el socialismo peruano. Fracasado el partido radical, dio su adhesión al lejano y abstracto utopismo de Kropotkin. Y en la polémica entre marxistas y bakuninistas, se pronunció por los segundos. Su temperamento reaccionaba en éste como en todos sus conflictos con la realidad, conforme a su sensibilidad literaria y aristocrática.

La filiación literaria del espíritu y la cultura de González Prada, es responsable de que el movimiento radical no nos haya legado un conjunto elemental siquiera de estudios de la realidad peruana y un cuerpo de ideas concretas sobre sus problemas. El programa del Partido Radical, que por otra parte no fue elaborado por González Prada, queda como un ejercicio de

---

66   Ibíd.

prosa política de «un círculo literario». Ya hemos visto cómo la Unión Nacional, efectivamente, no fue otra cosa.

El pensamiento de González Prada, aunque subordinado a todos los grandes mitos de su época, no es monótonamente positivista. En González Prada arde el fuego de los racionalistas del siglo XVIII. Su Razón es apasionada. Su Razón es revolucionaria. El positivismo, el historicismo del siglo XIX representan un racionalismo domesticado. Traducen el humor y el interés de una burguesía a la que la asunción del poder ha tornado conservadora. El racionalismo, el cientificismo de González Prada no se contentan con las mediocres y pávidas conclusiones de una razón y una ciencia burguesas. En González Prada subsiste, intacto en su osadía, el jacobino.

Javier Prado, García Calderón, Riva Agüero, divulgan un positivismo conservador. González Prada enseña un positivismo revolucionario. Los ideólogos del civilismo, en perfecto acuerdo con sus sentimientos de clase, nos sometieron a la autoridad de Taine; el ideólogo del radicalismo se reclamó siempre de pensamiento superior y distinto del que, concomitante y consustancial en Francia con un movimiento de reacción política, sirvió aquí a la apología de las oligarquías ilustradas.

No obstante su filiación racionalista y cientificista, González Prada no cae casi nunca en un intelectualismo exagerado. Lo preservan de este peligro su sentimiento artístico y su exaltado anhelo de justicia. En el fondo de este parnasiano, hay un romántico que no desespera nunca del poder del espíritu.

Una de sus agudas opiniones sobre Renán, el que *ne dépasse pas le doute,* nos prueba que González Prada percibió muy bien el riesgo de un criticismo exacerbado. «Todos los defectos de Renán se explican por la exageración del espíritu crítico; el temor de engañarse y la manía de creerse un espíritu delicado y libre de pasión, le hacían muchas veces afirmar todo con reticencias o negar todo con restricciones, es decir, no afirmar ni negar y hasta contradecirse, pues le acontecía emitir una idea y enseguida, valiéndose de un pero, defender lo contrario. De ahí su escasa popularidad: la multitud solo comprende y sigue a los hombres que franca y hasta brutalmente afirman con las palabras como Mirabeau, con los hechos como Napoleón.»

González Prada prefiere siempre la afirmación a la negación, a la duda. Su pensamiento es atrevido, intrépido, temerario. Teme a la incertidumbre. Su espíritu siente hondamente la angustiosa necesidad de *dépasser le doute*. La fórmula de Vasconcelos pudo ser también la de González Prada: «pesimismo de la realidad, optimismo del ideal». Con frecuencia, su frase es pesimista: casi nunca es escéptica.

En un estudio sobre la ideología de González Prada, que forma parte de su libro *El Nuevo Absoluto*, Mariano Ibérico Rodríguez define bien al pensador de *Páginas libres* cuando escribe lo siguiente: «Concorde con el espíritu de su tiempo, tiene gran fe en la eficacia del trabajo científico. Cree en la existencia de leyes universales inflexibles y eternas, pero no deriva del cientificismo ni del determinismo, una estrecha moral eudemonista ni tampoco la resignación a la necesidad cósmica que realizó Spinoza. Por el contrario su personalidad descontenta y libre superó las consecuencias lógicas de sus ideas y profesó el culto de la acción y experimentó la ansiedad de la lucha y predicó la afirmación de la libertad y de la vida. Hay evidentemente algo del rico pensamiento de Nietzsche en las exclamaciones anárquicas de Prada. Y hay en éste como en Nietzsche la oposición entre un concepto determinista de la realidad y el empuje triunfal del libre impulso interior».[67]

Por estas y otras razones, si nos sentimos lejanos de muchas ideas de González Prada, no nos sentimos, en cambio, lejanos de su espíritu. González Prada se engañaba, por ejemplo, cuando nos predicaba antirreligiosidad. Hoy sabemos mucho más que en su tiempo sobre la religión como sobre otras cosas. Sabemos que una revolución es siempre religiosa. La palabra religión tiene un nuevo valor, un nuevo sentido. Sirve para algo más que para designar un rito o una iglesia. Poco importa que los soviets escriban en sus afiches de propaganda que «la religión es el opio de los pueblos». El comunismo es esencialmente religioso. Lo que motiva aún equívocos es la vieja acepción del vocablo. González Prada predecía el tramonto de todas las creencias sin advertir que él mismo era predicador de una creencia, confesor de una fe. Lo que más se admira en este racionalista es su pasión. Lo que más se respeta en este ateo, un tanto pagano, es su ascetismo moral. Su ateísmo es religioso. Lo es, sobre todo, en los instantes en que parece

---

67   Ibérico Rodríguez, *El Nuevo Absoluto*, pág. 45.

más vehemente y más absoluto. Tiene González Prada algo de esos ascetas laicos que concibe Romain Rolland. Hay que buscar al verdadero González Prada en su credo de justicia, en su doctrina de amor; no en el anticlericalismo un poco vulgar de algunas páginas de *Horas de lucha*.

La ideología de *Páginas libres* y de *Horas de lucha* es hoy, en gran parte, una ideología caduca. Pero no depende de la validez de sus conceptos ni de sus sentencias lo que existe de fundamental ni de perdurable en González Prada. Los conceptos no son siquiera lo característico de su obra. Como lo observa Ibérico, en González Prada lo característico «no se ofrece como una rígida sistematización de conceptos —símbolos provisionales de un estado de espíritu—; lo está en un cierto sentimiento, en una cierta determinación constante de la personalidad entera, que se traducen por el admirable contenido artístico de la obra y por la viril exaltación del esfuerzo y de la lucha».[68]

He dicho ya que lo duradero en la obra de González Prada es su espíritu. Los hombres de la nueva generación en González Prada admiramos y estimamos, sobre todo, el austero ejemplo moral. Estimamos y admiramos, sobre todo, la honradez intelectual, la noble y fuerte rebeldía.

Pienso, además, por mi parte que González Prada no reconocería en la nueva generación peruana una generación de discípulos y herederos de su obra si no encontrara en sus hombres la voluntad y el aliento indispensables para superarla. Miraría con desdén a los repetidores mediocres de sus frases. Amaría solo una juventud capaz de traducir en acto lo que en él no pudo ser sino idea y no se sentiría renovado y renacido sino en hombres que supieran decir una palabra verdaderamente nueva, verdaderamente actual.

De González Prada debe decirse lo que él, en *Páginas libres*, dice de Vigil. «Pocas vidas tan puras, tan llenas, tan dignas de ser imitadas. Puede atacarse la forma y el fondo de sus escritos, puede tacharse hoy sus libros de anticuados e insuficientes, puede, en fin, derribarse todo el edificio levantado por su inteligencia; pero una cosa permanecerá invulnerable y de pie, el hombre.»

---

68   Ibíd., págs. 43 y 44.

VI. Melgar

Durante su período colonial, la literatura peruana se presenta, en sus más salientes peripecias y en sus más conspicuas figuras, como un fenómeno limeño. No importa que en su elenco estén representadas las provincias. El modelo, el estilo, la línea, han sido de la capital. Y esto se explica. La literatura es un producto urbano. La gravitación de la urbe influye fuertemente en todos los procesos literarios. En el Perú, de otro lado, Lima no ha sufrido las concurrencias de otras ciudades de análogos fueros. Un centralismo extremo le ha asegurado su dominio.

Por culpa de esta hegemonía absoluta de Lima, no ha podido nuestra literatura nutrirse de savia indígena. Lima ha sido la capital española primero. Ha sido la capital criolla después. Y su literatura ha tenido esta marca.

El sentimiento indígena no ha carecido totalmente de expresión en este período de nuestra historia literaria. Su primer expresador de categoría es Mariano Melgar. La crítica limeña lo trata con un poco de desdén. Lo siente demasiado popular, poco distinguido. Le molesta en sus versos, junto con una sintaxis un tanto callejera, el empleo de giros plebeyos. Le disgusta, en el fondo, el género mismo. No puede ser de su gusto un poeta que casi no ha dejado sino yaravíes. Esta crítica aprecia más cualquier oda soporífera de Pando.

Por reacción, no superestimo artísticamente a Melgar. Lo juzgo dentro de la incipiencia de la literatura peruana de su época. Mi juicio no se separa de un criterio de relatividad.

Melgar es un romántico. Lo es no solo en su arte sino también en su vida. El romanticismo no había llegado, todavía, oficialmente a nuestras letras. En Melgar no es, por ende, como más tarde en otros, un gesto imitativo; es un arranque espontáneo. Y éste es un dato de su sensibilidad artística. Se ha dicho que debe a su muerte heroica una parte de su renombre literario. Pero esta valoración disimula mal la antipatía desdeñosa que la inspira. La muerte creó al héroe, frustró al artista. Melgar murió muy joven. Y aunque resulta siempre un poco aventurada toda hipótesis sobre la probable trayectoria de un artista, sorprendido prematuramente por la muerte, no es excesivo suponer que Melgar, maduro, habría producido un arte más purgado de retórica y amaneramiento clásicos y, por consiguiente, más nativo, más puro. La ruptura con la metrópoli habría tenido en su espíritu consecuencias particulares y, en todo caso, diversas de las que tuvo en el espíritu de los hombres de letras de una ciudad tan española, tan colonial como Lima. Mariano Melgar, siguiendo el camino de su impulso romántico, habría encontrado una inspiración cada vez más rural, cada vez más indígena.

Los que se duelen de la vulgaridad de su léxico y sus imágenes, parten de un prejuicio aristocratista y academicista. El artista que en el lenguaje del pueblo escribe un poema de perdurable emoción vale, en todas las literaturas, mil veces más que el que, en lenguaje académico, escribe una acrisolada pieza de antología. De otra parte, como lo observa Carlos Octavio Bunge en un estudio sobre la literatura argentina, la poesía popular ha precedido siempre a la poesía artística. Algunos yaravíes de Melgar viven solo como fragmentos de poesía popular. Pero, con este título, han adquirido sustancia inmortal.

Tienen, a veces, en sus imágenes sencillas, una ingenuidad pastoril, que revela su trama indígena, su fondo autóctono. La poesía oriental se caracteriza por un rústico panteísmo en la metáfora. Melgar se muestra muy indio en su imaginismo primitivo y campesino.

Este romántico, finalmente, se entrega apasionadamente a la revolución. En él la revolución no es liberalismo enciclopedista. Es, fundamentalmente, cálido patriotismo. Como en Pumacahua, en Melgar el sentimiento revolucionario se nutre de nuestra propia sangre y nuestra propia historia.

Para Riva Agüero, el poeta de los yaravíes no es sino «un momento curioso de la literatura peruana». Rectifiquemos su juicio, diciendo que es el primer momento peruano de esta literatura.

VII. Abelardo Gamarra

Abelardo Gamarra no tiene hasta ahora un sitio en las antologías. La crítica relega desdeñosamente su obra a un plano secundario. Al plano, casi negligible para su gusto cortesano, de la literatura popular. Ni siquiera en el criollismo se le reconoce un rol cardinal. Cuando se historia el criollismo se cita siempre antes a un colonialista tan inequívoco como don Felipe Pardo.

Sin embargo, Gamarra es uno de nuestros literatos más representativos. Es, en nuestra literatura esencialmente capitalina, el escritor que con más pureza traduce y expresa a las provincias. Tiene su prosa reminiscencias indígenas. Ricardo Palma es un criollo de Lima; El Tunante es un criollo de la sierra. La raíz india está viva en su arte jaranero.

Del indio tiene El Tunante la tesonera y sufrida naturaleza, la panteísta despreocupación del más allá, el alma dulce y rural, el buen sentido campesino, la imaginación realista y sobria. Del criollo, tiene el decir donairoso, la risa zumbona, el juicio agudo y socarrón, el espíritu aventurero y juerguista. Procedente de un pueblo serrano, El Tunante se asimiló a la capital y a la costa, sin desnaturalizarse ni deformarse. Por su sentimiento, por su entonación, su obra es la más genuinamente peruana de medio siglo de imitaciones y balbuceos.

Lo es también por su espíritu. Desde su juventud, Gamarra militó en la vanguardia. Participó en la protesta radical, con verdadera adhesión a su patriotismo revolucionario. Lo que en otros corifeos del radicalismo era solo una actitud intelectual y literaria, en El Tunante era un sentimiento vital, un impulso anímico. Gamarra sentía hondamente, en su carne y en su espíritu, la repulsa de la aristocracia encomendera y de su corrompida e ignorante clientela. Comprendió siempre que esta gente no representaba al Perú; que el Perú era otra cosa. Este sentimiento, lo mantuvo en guardia contra el civilismo y sus expresiones intelectuales e ideológicas. Su seguro instinto lo preservó, al mismo tiempo, de la ilusión «demócrata». El Tunante no se engañó sobre Piérola. Percibió el verdadero sentido histórico del gobierno del 95. Vio claro que no era una revolución democrática sino una restauración civilista. Y, aunque hasta su muerte guardó el más fervoroso culto a González Prada, cuyas retóricas catilinarias tradujo a un lenguaje popular, se mostró nostalgioso de un espíritu más realizador y constructivo. Su intuición histórica echaba de menos en el Perú a un Alberdi, a un Sarmiento. En sus últimos años, sobre todo, se dio cuenta de que una política idealista y renovadora debe asentar bien los pies en la realidad y en la historia.

No es su obra la de un simple costumbrista satírico. Bajo el animado retrato de tipos y costumbres, es demasiado evidente la presencia de un generoso idealismo político y social. Esto es lo que coloca a Gamarra muy por encima de Segura. La obra del Tunante tiene un ideal; la de Segura no tiene ninguno.

Por otra parte, el criollismo del Tunante es más integral, más profundo que el de Segura. Su versión de las cosas y los tipos es más verídica, más viviente. Gamarra tiene en su obra —que no por azar es la más popular, la más leída en provincias—, muchos atisbos agudísimos, muchos aciertos plásticos. El Tunante es un Pancho Fierro de nuestras letras. Es un ingenio popular; un escritor intuitivo y espontáneo.

Heredero del espíritu de la revolución de la Independencia, tuvo lógicamente que sentirse distinto y opuesto a los herederos del espíritu de la Conquista y la Colonia. Y, por esto, no diploma ni breveta su obra la autoridad de academias ni ateneos. («¡de las Academias, líbranos Señor!», pensaba seguramente, como Rubén Darío, El Tunante.) Se le desdeña por su sintaxis. Se le desdeña por su ortografía. Pero se le desdeña, ante todo, por su espíritu.

La vida se burla alegremente de las reservas y los remilgos de la crítica, concediendo a los libros de Gamarra la supervivencia que niega a los libros de renombre y mérito oficialmente sancionados. A Gamarra no lo recuerda casi la crítica; no lo recuerda sino el pueblo. Pero esto le basta a su obra para ocupar de hecho en la historia de nuestras letras el puesto que formalmente se le regatea.

La obra de Gamarra aparece como una colección dispersa de croquis y bocetos. No tiene una creación central. No es una afinada modulación artística. Éste es su defecto. Pero de este defecto no es responsable totalmente la calidad del artista. Es responsable también la incipiencia de la literatura que representa.

El Tunante quería hacer arte en el lenguaje de la calle. Su intento no era equivocado. Por el mismo camino han ganado la inmortalidad los clásicos de los orígenes de todas las literaturas.

VIII. Chocano

José Santos Chocano pertenece, a mi juicio, al período colonial de nuestra literatura. Su poesía grandílocua tiene todos sus orígenes en España. Una crítica verbalista la presenta como una traducción del alma autóctona. Pero este es un concepto artificioso, una ficción retórica. Su lógica, tan simplista como falsa, razona así: Chocano es exuberante, luego es autóctono. Sobre este principio, una crítica fundamentalmente incapaz de sentir lo autóctono, ha asentado casi todo el dogma del americanismo y el tropicalismo esenciales del poeta de *Alma América*. Este dogma pudo ser incontestable en un tiempo de absoluta autoridad del colonialismo. Ahora una generación iconoclasta lo pasa incrédulamente por la criba de su análisis. La primera cuestión que se plantea es ésta: ¿lo autóctono es, efectivamente, exuberante?

Un crítico sagaz, extraño en este caso a todo interés polémico como Pedro Henríquez Ureña, examinando precisamente el tema de la exuberancia en la literatura hispanoamericana, observa que esta literatura en su mayor parte, no aparece por cierto como un producto del trópico. Procede, más bien, de ciudades de clima templado y hasta un poco otoñal. Muy aguda y certeramente apunta Henríquez Ureña: «En América conservamos el respeto al énfasis mientras Europa nos lo prescribió; aún hoy nos quedan tres o cuatro poetas vibrantes, como decían los románticos. ¿No se atribuirá a influencia del trópico la que es influencia de Victor Hugo? ¿O de Byron, o de Espronceda o de Quintana?». Para Henríquez Ureña la teoría de la exuberancia espontánea de la literatura americana es una teoría falsa. Esta literatura es menos exuberante de lo que parece. Se toma por exuberancia la verbosidad. Y «si abunda la palabrería es porque escasea la cultura, la disciplina y no por peculiar exuberancia nuestra».[69] Los casos de verbosidad no son imputables a la geografía ni al medio.

Para estudiar el caso de Chocano, tenemos que empezar por localizarlo, ante todo, en el Perú. Y bien, en el Perú lo autóctono es lo indígena, vale decir lo incaico.

Y lo indígena, lo incaico, es fundamentalmente sobrio. El arte indio es la antítesis, la contradicción del arte de Chocano. El indio esquematiza, estiliza las cosas con un sincretismo y un primitivismo hieráticos.

Nadie pretende encontrar en la poesía de Chocano la emoción de los Andes. La crítica que la proclama autóctona, la imagina únicamente depositaria de la emoción de la «montaña», esto es de la floresta. Riva Agüero es uno de los que suscriben este juicio. Pero los literatos que sin noción ninguna de la

---

69   Pedro Henríquez Ureña, *Seis ensayos en busca de nuestra expresión*, págs. 45-47.

«montaña», se han apresurado a descubrirla o reconocerla íntegramente en la ampulosa poesía de Chocano, no han hecho otra cosa que tomar al pie de la letra una conjetura de poeta. No han hecho sino repetir a Chocano, quien desde hace mucho tiempo se supone «el cantor de América autóctona y salvaje».

La «montaña» no es solo exuberancia. Es, sustancialmente, muchas otras cosas que no están en la poesía de Chocano. Ante su espectáculo, ante sus paisajes, la actitud de Chocano es la de un espectador elocuente. Nada más. Todas sus imágenes son las de una fantasía exterior y extranjera. No se oye la voz de un hombre de la floresta. Se oye, a lo más, la voz de un forastero imaginativo y ardoroso que cree poseerla y expresarla.

Y esto es muy natural. La «montaña» no existe casi sino como naturaleza, como paisaje, como escenario. No ha producido todavía una estirpe, un pueblo, una civilización. Chocano, en todo caso, no se ha nutrido de su savia. Por su sangre, por su mentalidad, por su educación, el poeta de *Alma América* es un hombre de la costa. Procede de una familia española. Su formación espiritual e intelectual se ha cumplido en Lima. Y su énfasis —este énfasis que, en último análisis, resulta la única prueba de su autoctonismo y de su americanismo artístico o estético— desciende totalmente de España.

Los antecedentes de la técnica y los modelos de la elocuencia de Chocano están en la literatura española. Todos reconocen en su manera la influencia de Quintana, en su espíritu la de Espronceda. Chocano se reclama de Byron y de Hugo. Pero las influencias más directas que se constatan en su arte son siempre las de poetas de idioma español. Su egotismo romántico es el de Díaz Mirón, de quien tiene también el acento arrogante y soberbio. Y el modernismo y el decadentismo que llegan hasta las puertas de su romanticismo son los de Rubén Darío.

Estos rasgos deciden y señalan demasiado netamente la verdadera filiación artística de Chocano quien, a pesar de las sucesivas ondas de modernidad que han visitado su arte sin modificarlo absolutamente en su esencia, ha conservado en su obra la entonación y el temperamento de un supérstite del romanticismo español y de su grandilocuencia. Su filiación espiritual coincide, por otra parte, con su filiación artística. El «cantor de América autóctona y salvaje» es de la estirpe de los conquistadores. Lo siente y lo dice él mismo en su poesía, que si no carece de admiración literaria y retórica a los incas, desborda de amor a los héroes de la Conquista y a los magnates del Virreinato.

Chocano no pertenece a la plutocracia capitalina. Este hecho lo diferencia de los literatos específicamente colonialistas. No consiente, por ejemplo, identificarlo con Riva Agüero. En su espíritu se reconoce al descendiente de la Conquista. (Y Conquista y Virreinato social y económicamente constituyen dos fases de un mismo fenómeno, pero espiritualmente no tienen idéntica categoría. La Conquista fue una aventura heroica; el Virreinato fue una empresa burocrática. Los conquistadores eran, como diría Blaise Cendrars, de la fuerte raza de los aventureros; los virreyes y los oidores eran blandos hidalgos y mediocres bachilleres.)

Las primeras peripecias de la poesía de Chocano son de carácter romántico. No en balde el cantor de *Iras santas* se presenta como un discípulo de Espronceda. No en balde se siente en él algo de romanticismo byroniano. La actitud de Chocano es, en su juventud, una actitud de protesta. Esta protesta tiene a veces un acento anárquico. Tiene otras veces un tinte de protesta social. Pero carece de concreción. Se agota en una delirante y bizarra ofensiva verbal contra el gobierno militar de la época. No consigue ser más que un gesto literario.

Chocano aparece luego, políticamente enrolado en el pierolismo. Su revolucionarismo se conforma con la revolución del 95 que liquida un régimen militar para restaurar, bajo la gerencia provisoria de don Nicolás de Piérola, el régimen civilista. Más tarde, Chocano se deja incorporar en la clientela intelectual de la plutocracia. No se aleja de Piérola y su pseudodemocracia para acercarse a González Prada sino para saludar en Javier Prado y Ugarteche al pensador de su generación.

La trayectoria política de un literato no es también su trayectoria artística. Pero sí es, casi siempre, su trayectoria espiritual. La literatura, de otro lado, está como sabemos íntimamente permeada de política, aun en los casos en que parece más lejana y más extraña a su influencia. Y lo que queremos averiguar, por el momento, no es estrictamente la categoría artística de Chocano sino su filiación espiritual, su posición ideológica.

Una y otra no están nítidamente expresadas por su poesía. Tenemos, por consiguiente, que buscarlas en su prosa, la cual, además de haber sido más explícita que su poesía, no ha sido esencialmente contradicha ni atenuada por ella.

La poesía de Chocano nos coloca, primero, ante un caso de individualismo exasperado y egoísta, asaz frecuente y casi característico en la falange romántica. Este individualismo es todo el anarquismo de Chocano.

Y en los últimos meses, el poeta, lo reduce y lo limita. No renuncia absolutamente a su egotismo sensual; pero sí renuncia a una buena parte de su individualismo filosófico. El culto del Yo se ha asociado al culto de la jerarquía. El poeta se llama individualista, pero no se llama liberal. Su individualismo deviene un «individualismo jerárquico». Es un individualismo que no ama la libertad. Que la desdeña casi. En cambio, la jerarquía que respeta no es la jerarquía eterna que crea el Espíritu; es la jerarquía precaria que imponen, en la mudable perspectiva de lo presente, la fuerza, la tradición y el dinero.

Del mismo modo doma el poeta los primitivos arranques de su espíritu. Su arte, en su plenitud, acusa —por su exaltado aunque retórico amor a la naturaleza—, un panteísmo un poco pagano. Y este panteísmo —que producía un poco de animismo en sus imágenes—, es en él la sola nota que refleja a una «América autóctona y salvaje». (El indio es panteísta, animista, materialista.) Chocano, sin embargo, lo ha abandonado tácitamente. La adhesión al principio de la jerarquía lo ha reconducido a la iglesia romana. Roma es, ideológicamente, la ciudadela histórica de la reacción. Los que peregrinan por sus colinas y sus basílicas en busca del evangelio cristiano regresan desilusionados; pero los que se contentan con encontrar, en su lugar, el fascismo y la Iglesia —la autoridad y la jerarquía en el sentido romano—, arriban a su meta y hallan su verdad. De estos últimos peregrinos es el poeta de *Alma América*. Él, que nunca ha sido cristiano, se confiesa finalmente católico. Romántico fatigado, hereje converso, se refugia en el sólido aprisco de la tradición y del orden, de donde creyó un día partir para siempre a la conquista del futuro.

IX. Riva Agüero y su influencia. La generación «Futurista»

La generación «futurista» —como paradójicamente se le apoda—, señala un momento de restauración colonialista en el pensamiento y la literatura del Perú.

La autoridad sentimental e ideológica de los herederos de la Colonia se encontraba comprometida y socavada por quince años de predicación radical. Después de un período de caudillaje militar análogo al que siguió a la revolución de la Independencia, la clase latifundista había restablecido su dominio político pero no había restablecido su dominio intelectual. El radicalismo, alimentado por la reacción moral de la derrota —de la cual el pueblo sentía responsable a la plutocracia—, había encontrado un ambiente favorable a la propagación de su verbo revolucionario. Su propaganda había rebelado, sobre todo, a las provincias. Una marejada de ideas avanzadas había pasado por la República.

La antigua guardia intelectual del civilismo envejecida y debilitada, no podía reaccionar eficazmente contra la generación radical. La restauración tenía que ser realizada por una falange de hombres jóvenes. El civilismo contaba con la Universidad. A la Universidad le tocaba darle, por ende, esta milicia intelectual. Pero era indispensable que la acción de sus hombres no se contentase con ser una acción universitaria. Su misión debía constituir una reconquista integral de la inteligencia y el sentimiento. Como uno de sus objetivos naturales y sustantivos, aparecía la recuperación del terreno perdido en la literatura. La literatura llega adonde no llega la Universidad. La obra de un solo escritor del pueblo, discípulo de González Prada, El Tunante, era entonces una obra mucho más propagada y entendida que la de todos los escritores de la Universidad juntos.

Las circunstancias históricas propiciaba la restauración. El dominio político del civilismo se presentaba sólidamente consolidado. El orden económico y político inaugurado por Piérola el 95 era esencialmente un orden civilista. Muchos profesionales y literatos que en el período caótico de nuestra postguerra, se sintieron atraídos por el campo radical, se sentían ahora empujados al campo civilista. La generación radical estaba, en verdad, disuelta. González Prada, retirado a un displicente ascetismo, vivía desconectado de sus dispersos discípulos. De suerte que la generación «futurista» no encontró casi resistencia.

En sus rangos se mezclaban y se confundían «civilistas» y «demócratas», separados en la lucha partidista. Su advenimiento era saludado, en consecuencia, por toda la gran prensa de la capital. *El Comercio* y *La Prensa* auspiciaban a la «nueva generación». Esta generación se mostraba destinada a realizar la armonía entre civilistas y demócratas que la coalición del 95 dejó solo iniciada. Su líder y capitán Riva Agüero, en quien la tradición civilista y plutocrática se conciliaba con una devoción casi filial al «Califa» demócrata, reveló desde el primer momento tal tendencia. En su tesis sobre la «literatura del Perú independiente», arremetiendo contra el radicalismo dijo lo siguiente: «Los partidos de principios, no solo no producirían bienes, sino que crearían males irremediables. En el actual sistema, las diferencias entre los partidos no son muy grandes ni muy hondas sus divisiones. Se coaligan sin dificultad, colaboran con frecuencia. Los gobernantes sagaces pueden, sin muchos esfuerzos, aprovechar del concurso de todos los hombres útiles».

La resistencia a los partidos de principios denuncia el sentimiento y la inspiración clasistas de la generación de Riva Agüero. Su esfuerzo manifiesta de un modo demasiado inequívoco el propósito de asegurar y consolidar un régimen de clase. Negar a los principios, a las ideas, el derecho de gobernar el país significaba fundamentalmente, reservar ese derecho para una casta. Era preconizar el dominio de la «gente decente», de la «clase ilustrada». Riva Agüero, a este respecto, como a otros, se muestra en riguroso acuerdo con Javier Prado y Francisco García Calderón. Y es que Prado y García Calderón representan la misma restauración. Su ideología tiene los mismos rasgos esenciales. Se reduce en el fondo, a un positivismo conservador. Un fraseario más o menos idealista y progresista disimula el ideario tradicional. Como ya lo he observado, Riva Agüero, Prado y García Calderón coinciden en el acatamiento a Taine. Riva Agüero para esclarecernos más su filiación, nos descubre en sus varias veces citada tesis —que es incontestablemente el primer manifiesto político y literario de la generación «futurista»— su adhesión a Brunetière.

La revisión de valores de la literatura con que debutó Riva Agüero en la política, corresponde absolutamente a los fines de una restauración. Idealiza

148

y glorifica la Colonia, buscando en ella las raíces de la nacionalidad. Superestima la literatura colonialista exaltando enfáticamente a sus mediocres cultores. Trata desdeñosamente el romanticismo de Mariano Melgar. Reprueba a González Prada lo más válido y fecundo de su obra: su protesta. La generación «futurista» se muestra, al mismo tiempo universitaria, académica, retórica. Adopta del modernismo solo los elementos que le sirven para condenar la inquietud romántica.

Una de sus obras más características y peculiares es la organización de la Academia correspondiente de la Lengua Española. Uno de sus esfuerzos artísticos más marcados es su retorno a España en la prosa y en el verso. El rasgo más característico de la generación apodada «futurista» es su pasadismo. Desde el primer momento sus literatos se entregan a idealizar el pasado. Riva Agüero, en su tesis, reivindica con energía los fueros de los hombres y las cosas tradicionales.

Pero el pasado, para esta generación, no es muy remoto ni muy próximo. Tiene límites definidos: los del Virreinato. Toda su predilección, toda su ternura, son para esta época. El pensamiento de Riva Agüero a este respecto es inequívoco. El Perú, según él, desciende de la Conquista. Su infancia es la Colonia.

La literatura peruana deviene desde este momento acentuadamente colonialista. Se inicia un fenómeno que no ha terminado todavía y que Luis Alberto Sánchez designa con el nombre de «perricholismo».

En este fenómeno —en sus orígenes, no en sus consecuencias— se combinan y se identifican dos sentimientos: limeñismo y pasadismo. Lo que, en política, se traduce así: centralismo y conservantismo. Porque el pasadismo de la generación de Riva Agüero no constituye un gesto romántico de inspiración meramente literaria. Esta generación es tradicionalista pero no romántica. Su literatura, más o menos teñida de «modernismo», se presenta por el contrario como una reacción contra la literatura del romanticismo. El romanticismo condena radicalmente el presente en el nombre del pasado o del futuro. Riva Agüero y sus contemporáneos, en cambio, aceptan el presente, aunque para gobernarlo y dirigirlo invoquen y evoquen el pasado. Se caracterizan, espiritual e ideológicamente, por un conservatismo positivista, por un tradicionalismo oportunista.

Naturalmente, ésta es solo la tonalidad general del fenómeno, en el cual no faltan matices más o menos discrepantes. José Gálvez, por ejemplo, individualmente escapa a la definición que acabo de esbozar. Su pasadismo es de fondo romántico. Haya lo llama «el único palmista sincero», refiriéndose sin duda al carácter literario y sentimental de su pasadismo. La distinción no está netamente expresada. Pero parte de un hecho evidente. Gálvez — cuya poesía desciende de la de Chocano, repitiendo, atenuadamente unas veces, desteñidamente otras, su verbosidad— tiene trama de romántico. Su pasadismo, por eso, está menos localizado en el tiempo que el del núcleo de su generación. Es un pasadismo integral. Enamorado del Virreinato, Gálvez no se siente, sin embargo, acaparado exclusivamente por el culto de esta época. Para él «todo tiempo pasado fue mejor». Puede observarse que, en cambio, su pasadismo está más localizado en el espacio. El tema de sus evocaciones es casi siempre limeño. Pero también esto me parece en Gálvez un rasgo romántico.

Gálvez, de otro lado, se aparta a veces del credo de Riva Agüero. Sus opiniones sobre la posibilidad de una literatura genuinamente nacional son heterodoxas dentro del fenómeno «futurista». Acerca del americanismo en la literatura, Gálvez, aunque sea con no pocas reservas y concesiones, se declara de acuerdo con la tesis del líder de su generación y su partido. No lo convence la aserción de que es imposible revivir poéticamente las antiguas civilizaciones americanas. «Por mucho que sean civilizaciones desaparecidas y por honda que haya sido la influencia española —escribe—, ni el material mismo se ha extinguido, ni tan puros hispanos somos los que más lo fuéramos, que no sintamos vinculaciones con aquella raza, cuya tradición áurea bien merece un recuerdo y cuyas ruinas imponentes y misteriosas nos subyugan y nos impresionan. Precisamente porque andamos tan mezclados y son tan encontradas nuestras raíces históricas, por lo mismo que nuestra cultura no es tan honda como parece, el material literario de aquellas épocas definitivamente muertas es enorme para nosotros, sin que esto signifique que lo consideremos primordial y porque alguna levadura debe haber en nuestras almas de la gestación del imperio incaico y de las luchas de las dos razas, la indígena y la española, cuando aún nos encoge el alma y nos sacude con emoción extraña y dolorida la música temblorosa del yaraví. Además, nuestra historia no puede partir solo de la Conquista y por vago que fuese el legado psíquico que hayamos recibido de los indios, siempre tenemos algo de aquella raza vencida, que en viviente ruina anda preterida y maltratada en nuestras serranías, constituyendo un grave problema social, que si palpita dolorosamente en nuestra vida, ¿por qué no puede tener un lugar en nuestra literatura que ha sido tan fecunda en sensaciones históricas de otras razas que realmente nos son extranjeras y peregrinas?»[70] No acierta Gálvez, sin embargo, en la definición de una literatura nacional. «Es cuestión de volver el alma —dice— a las rumorosas palpitaciones de lo que nos rodea.» Mas, a renglón seguido, reduce sus elementos a «la historia, la tradición y la naturaleza». El pasadista reaparece aquí íntegramente. Una literatura genuinamente nacionalista, en su concepto, debe nutrirse sobre todo de la historia, la leyenda, la tradición, esto es del pasado. El presente es también historia. Pero seguramente Gálvez no lo pensaba cuando escogía las fuentes de nuestra literatura. La historia, en su sentimiento, no era entonces sino pasado. No dice Gálvez que la literatura nacional debe traducir totalmente al Perú. No le pide una función realmente creadora. Le niega el derecho de ser una literatura del pueblo. Polemizando con El Tunante, sostiene que el artista «debe desdeñar altivamente la facilidad que le ofrece el modismo callejero, admirable muchas veces para el artículo de costumbres, pero que está distante de la fina aristocracia que debe tener la forma artística».[71]

El pensamiento de la generación futurista es, por otra parte, el de Riva Agüero. El voto en contra o, mejor, el voto en blanco de Gálvez, en este y otros debates, no tiene sino un valor individual. La generación futurista, en tanto, utiliza totalmente el pasadismo y el romanticismo de Gálvez en la serenata bajo los balcones del Virreinato, destinada políticamente a reanimar una leyenda indispensable al dominio de los herederos de la Colonia.

La casta feudal no tiene otros títulos que los de la tradición colonial. Nada más concordante con su interés que una corriente literaria tradicionalista. En el fondo de la literatura colonialista, no existe sino una orden perentoria, una exigencia imperiosa del impulso vital de una clase, de una «casta».

---

70   Gálvez, *op. cit.*, págs. 33 y 34.
71   Ibíd., pág. 90.

Y quien dude del origen fundamentalmente político del fenómeno «futurista» no tiene sino que reparar en el hecho de que esta falange de abogados, escritores, literatos, etc., no se contentó con ser solo un movimiento. Cuando llegó a su mayor edad quiso ser un partido.

X. Colónida y Valdelomar

Colónida representó una insurrección —decir una revolución sería exagerar su importancia— contra el academicismo y sus oligarquías, su énfasis retórico, su gusto conservador, su galantería dieciochesca y su melancolía mediocre y ojerosa. Los colónidas virtualmente reclamaron sinceridad y naturalismo. Su movimiento, demasiado heteróclito y anárquico, no pudo condensarse en una tendencia ni concretarse en una fórmula. Agotó su energía en su grito iconoclasta y su orgasmo esnobista.

Una efímera revista de Valdelomar dio su nombre a este movimiento. Porque *Colónida* no fue un grupo, no fue un cenáculo, no fue una escuela, sino un movimiento, una actitud, un estado de ánimo. Varios escritores hicieron «colonidismo» sin pertenecer a la capilla de Valdelomar. El «colonidismo» careció de contornos definidos. Fugaz meteoro literario, no pretendió nunca cuajarse en una forma. No impuso a sus adherentes un verdadero rumbo estético. El «colonidismo» no constituía una idea ni un método. Constituía un sentimiento ególatra, individualista, vagamente iconoclasta, imprecisamente renovador. *Colónida* no era siquiera un haz de temperamentos afines; no era al menos propiamente una generación. En sus rangos, con Valdelomar, More, Gibson, etc., militábamos algunos escritores adolescentes, novísimos, principiantes. Los «colónidos» no coincidían sino en la revuelta contra todo academicismo. Insurgían contra los valores, las reputaciones y los temperamentos académicos. Su nexo era una propuesta; no una afirmación. Conservaron sin embargo, mientras convivieron en el mismo movimiento, algunos rasgos espirituales comunes. Tendieron a un gusto decadente, elitista, aristocrático, algo mórbido. Valdelomar, trajo de Europa gérmenes de d'annunzianismo que se propagaron en nuestro ambiente voluptuoso, retórico y meridional.

La bizarría, la agresividad, la injusticia y hasta la extravagancia de los «colónidos» fueron útiles. Cumplieron una función renovadora. Sacudieron la literatura nacional. La denunciaron como una vulgar rapsodia de la más mediocre literatura española. Le propusieron nuevos y mejores modelos, nuevas y mejores rutas. Atacaron a sus fetiches, a sus íconos. Iniciaron lo que algunos escritores calificarían como «una revisión de nuestros valores literarios». *Colónida* fue una fuerza negativa, disolvente, beligerante. Un gesto espiritual de varios literatos que se oponían al acaparamiento de la fama nacional por un arte anticuado, oficial y *pompier*. De otro lado, los «colónidos» no se comportaron siempre con injusticia. Simpatizaron con todas las figuras heréticas, heterodoxas, solitarias de nuestra literatura. Loaron y rodearon a González Prada. En el «colonidismo» se advierte algunas huellas de influencia del autor de *Páginas libres* y *Exóticas*. Se observa también que los «colónidos» tomaron de González Prada lo que menos les hacía falta. Amaron lo que en González Prada había de aristócrata, de parnasiano, de individualista; ignoraron lo que en González Prada había de agitador, de revolucionario. More definía a González Prada como «un griego nacido en un país de zambos». *Colónida*, además, valorizó a Eguren, desdeñado y desestimado por el gusto mediocre de la crítica y del público de entonces.

El fenómeno *Colónida* fue breve. Después de algunas escaramuzas polémicas, el «colonidismo» tramontó definitivamente. Cada uno de los «colónidos» siguió su propia trayectoria personal. El movimiento quedó liquidado. Nada importa que perduren algunos de sus ecos y que se agiten, en el fondo de más de un temperamento joven, algunos de sus sedimentos. El «colonidismo», como actitud espiritual, no es de nuestro tiempo. La apetencia de renovación que generó el movimiento *Colónida* no podía satisfacerse con un poco de decadentismo y otro poco de exotismo. *Colónida* no se disolvió explícita ni sensiblemente porque jamás fue una facción, sino una postura interina, un ademán provisorio.

El «colonidismo» negó e ignoró la política. Su elitismo, su individualismo, lo alejaban de las muchedumbres, lo aislaban de sus emociones. Los «colónidos» no tenían orientación ni sensibilidad políticas. La política les parecía una función burguesa, burocrática, prosaica. La revista *Colónida* era escrita para el Palais Concert y el jirón de la Unión. Federico More tenía afición orgánica a la conspiración y al panfleto; pero sus concepciones políticas eran antidemocráticas, antisociales, reaccionarias. More soñaba con una aristarquía, casi con una artecracia. Desconocía y despreciaba la realidad social. Detestaba el vulgo y el tumulto.

Pero terminado el experimento *Colónida*, los escritores que en él intervinieron, sobre todo los más jóvenes, empezaron a interesarse por las nuevas corrientes políticas. Hay que buscar las raíces de esta conversión en el prestigio de la literatura política de Unamuno, de Araquistáin, de Alomar y de otros escritores de la revista España; en los efectos de la predicación de Wilson, elocuente y universitaria, propugnando una nueva libertad; y en la sugestión de la mentalidad de Víctor M. Maúrtua cuya influencia en el orientamiento socialista de varios de nuestros intelectuales casi nadie conoce. Esta nueva actitud espiritual fue marcada también por una revista, más efímera aún que *Colónida*: *Nuestra Época*. En *Nuestra Época*, destinada a las muchedumbres y no al Palais Concert, escribieron Félix del Valle, César Falcón, César Ugarte, Valdelomar, Percy Gibson, César A. Rodríguez, César Vallejo y yo. Éste era ya, hasta estructuralmente, un conglomerado distinto del de *Colónida*. Figuraban en él un discípulo de Maúrtua, un futuro catedrático de la Universidad: Ugarte; y un agitador obrero: del Barzo. En este movimiento, más político que literario, Valdelomar no era ya un líder. Seguía a escritores más jóvenes y menos conocidos que él. Actuaba en segunda fila.

Valdelomar, sin embargo, había evolucionado. Un gran artista es casi siempre un hombre de gran sensibilidad. El gusto de la vida muelle, plácida, sensual, no le hubiera consentido ser un agitador; pero, como Oscar Wilde, Valdelomar habría llegado a amar el socialismo. Valdelomar no era un prisionero de la torre de marfil. No renegaba su pasado demagógico y tumultuario de billinghurista. Se complacía de que en su historia existiera ese episodio. Malgrado su aristocratismo, Valdelomar se sentía atraído por la gente humilde y sencilla. Lo acreditan varios capítulos de su literatura, no exenta de notas cívicas. Valdelomar escribió para los niños de las escuelas de Huaura su oración a San Martín. Ante un auditorio de obreros, pronunció en algunas ciudades del norte durante sus andanzas de conferencista nómade, una oración al trabajo. Recuerdo que, en nuestros últimos coloquios, escuchaba con interés y con respeto mis primeras divagaciones socialistas. En este instante de gravidez, de maduración, de tensión máximas, lo abatió la muerte.

No conozco ninguna definición certera, exacta, nítida, del arte de Valdelomar. Me explico que la crítica no la haya formulado todavía. Valdelomar murió a los treinta años cuando él mismo no había conseguido aún encontrarse, definirse. Su producción desordenada, dispersa, versátil, y hasta un poco incoherente, no contiene sino los elementos materiales de la obra que la muerte frustró. Valdelomar no logró realizar plenamente su personalidad rica y exuberante. Nos ha dejado, a pesar de todo, muchas páginas magníficas.

Su personalidad no solo influyó en la actitud espiritual de una generación de escritores. Inició en nuestra literatura una tendencia que luego se ha acentuado. Valdelomar que trajo del extranjero influencias pluricolores e internacionales y que, por consiguiente, introdujo en nuestra literatura elementos de cosmopolitismo, se sintió, al mismo tiempo, atraído por el criollismo y el incaísmo. Buscó sus temas en lo cotidiano y lo humilde. Revivió su infancia en una aldea de pescadores. Descubrió, inexperto pero clarividente, la cantera de nuestro pasado autóctono.

Uno de los elementos esenciales del arte de Valdelomar es su humorismo. La egolatría de Valdelomar era en gran parte humorística. Valdelomar decía en broma casi todas las cosas que el público tomaba en serio. Las decía *pour épater les bourgeois*. Si los burgueses se hubiesen reído con él de sus «poses» megalomaníacas, Valdelomar no hubiese insistido tanto en su uso. Valdelomar impregnó su obra de un humorismo elegante, alado, ático, nuevo hasta entonces entre nosotros. Sus artículos de periódicos, sus «diálogos máximos», solían estar llenos del más gentil donaire. Esta prosa habría podido ser más cincelada, más elegante, más duradera; pero Valdelomar no tenía casi tiempo para pulirla. Era una prosa improvisada y periodística.[72]

Ningún humorismo menos acerbo, menos amargo, menos acre, menos maligno que el de Valdelomar. Valdelomar caricaturizaba a los hombres, pero

---

72 El humorismo de Valdelomar se cebaba donosamente en las disonancias mestizas o huachafas. Una tarde, en el Palais Concert, Valdelomar me dijo: «Mariátegui, a la leve y fina libélula, motejan aquí chupajeringa». Yo, tan decadente como él entonces, lo excité a reivindicar los nobles y ofendidos fueros de la libélula. Valdelomar pidió al mozo unas cuartillas. Y escribió sobre una mesa del café melifluamente rumoroso uno de sus «diálogos máximos». Su humorismo era así, inocente, infantil, lírico. Era la reacción de un alma afinada y pulcra contra la vulgaridad y la huachafería de un ambiente provinciano y monótono. Le molestaban los «hombres gordos y borrachos», los prendedores de quinto de libra, los puños postizos y los zapatos con elástico.

los caricaturizaba piadosamente. Miraba las cosas con una sonrisa bondadosa. Evaristo, el empleado de la botica aldeana, hermano gemelo de un sauce hepático y desdichado, es una de esas caricaturas melancólicas que a Valdelomar le agradaba trazar. En el acento de esta novela de sabor pirandelliano se siente la ternura de Valdelomar por su desventurado, pálido y canijo personaje.

Valdelomar parece caer a veces en la desesperanza y en el pesimismo. Pero estos son desmayos pasajeros, depresiones precarias de su ánimo. Era Valdelomar demasiado panteísta y sensual para ser pesimista. Creía con D'Annunzio que «la vida es bella y digna de ser magníficamente vivida». En sus cuentos y paisajes aldeanos se reconoce este rasgo de su espíritu. Valdelomar buscó perennemente la felicidad y el placer. Pocas veces logró gozarlos; pero estas pocas veces supo poseerlos plena, absoluta, exaltadamente.

En su *Confiteor* —que es tal vez la más noble, la más pura, la más bella poesía erótica de nuestra literatura— Valdelomar toca el más alto grado de exaltación dionisíaca. Transido de emoción erótica, el poeta piensa que la naturaleza, el Universo, no pueden ser extraños ni indiferentes a su amor. Su amor no es egoísta: necesita sentirse rodeado por una alegría cósmica. He aquí esta nota suprema de *Confiteor*:

Mi amor animará el mundo

¿Qué haré el día en que sus ojos
tengan para mí una mirada de amor?
Mi alma llenará el mundo de alegría,
La Naturaleza vibrará con el temblor de mi corazón,
todos serán felices:
el cielo, el mar, los árboles, el paisaje... Mi pasión
pondrá en el universo, ahora triste,
las alegres notas de una divina coloración;
cantarán las aves, las copas de los árboles
entonarán una balada; hasta el panteón
llegará la alegría de mi alma
y los muertos sentirán el soplo fresco de mi amor.

¿ES POSIBLE SUFRIR?

¿Quién dice que la vida es triste?
¿Quién habla de dolor?
¿Quién se queja?... ¿Quién sufre?... ¿Quién llora?

Confiteor es la ingenua confidencia lírica de un enamorado exultante de amor y de felicidad. Delante de la amada, el poeta «tiembla como un junco débil». Y con la cándida convicción de los enamorados, dice que no todos pueden comprender su pasión. La imagen de su amada, es una imagen prerrafaelista, presentada solo por los que han «contemplado el lienzo de Burne Jones donde está el ángel de la Anunciación». En el amor, ninguno de nuestros poetas había llegado antes a este lirismo absoluto. Hay algo de allegro beethoveniano en los versos transcritos.

A Valdelomar, a pesar de *El hermano ausente*, a pesar de *Confiteor* y otros versos, se le regatea el título de poeta que en cambio se discierne por ejemplo, a don Felipe Pardo. No cabe Valdelomar dentro de las clasificaciones arbitrarias y ramplonas de la vieja crítica. ¿Qué puede decir esta crítica de Valdelomar y de su obra? Los matices más nobles, las notas más delicadas del temperamento de este gran lírico no podrán ser aprehendidas nunca por sus definiciones. Valdelomar fue un hombre nómade, versátil, inquieto como su tiempo. Fue «muy moderno, audaz, cosmopolita». En su humorismo, en su lirismo, se descubre a veces lineamientos y matices de la moderna literatura de vanguardia.

Valdelomar no es todavía, en nuestra literatura, el hombre matinal. Actuaban sobre él demasiadas influencias decadentistas. Entre «las cosas inefables e infinitas», que intervienen en el desarrollo de sus leyendas incaicas, con la Fe, el Mar y la Muerte, pone el Crepúsculo. Desde su juventud, su arte estuvo bajo el signo de D'Annunzio. En Italia, el tramonto romano, el atardecer voluptuoso del Janiculum, la vendimia autumnal, Venecia anfibia —marítima y palúdica—, exacerbaron en Valdelomar las emociones crepusculares de *Il Fuoco*.

Pero a Valdelomar lo preserva de una excesiva intoxicación decadentista su vivo y puro lirismo. El *humour*, esa nota tan frecuente de su arte, es la senda por donde se evade del universo d'annunziano. El *humour* da el tono al mejor de sus cuentos: *Hebaristo, el sauce que se murió de amor*. Cuento pirandelliano, aunque Valdelomar acaso no conociera a Pirandello que, en la época de la visita de nuestro escritor a Italia, estaba muy distante de la celebridad ganada para su nombre por sus obras teatrales. Pirandelliano por el método: identificación panteísta de las vidas paralelas de un sauce y un boticario; pirandelliano por el personaje: levemente caricaturesco, mesocrático, pequeño burgués, inconcluso; pirandelliano por el drama: el fracaso de una existencia que, en una tentativa superior a su ritmo sórdido, siente romperse su resorte con grotesco y risible traquido.

Un sentimiento panteísta, pagano, empujaba a Valdelomar a la aldea, a la naturaleza. Las impresiones de su infancia, transcurrida en una apacible caleta de pescadores, gravitan melodiosamente en su subsconsciencia. Valdelomar es singularmente sensible a las cosas rústicas. La emoción de su infancia está hecha de hogar, de playa y de campo. El «soplo denso, perfumado del mar», la impregna de una tristeza tónica y salobre:

y lo que él me dijera aún en mi alma persiste;
mi padre era callado y mi madre era triste

y la alegría nadie me la supo enseñar.

(«Tristitia»)

Tiene, empero, Valdelomar la sensibilidad cosmopolita y viajera del hombre moderno. Nueva York, *Times Square*, son motivos que lo atraen tanto como la aldea encantada y el «caballero carmelo». Del piso 54 de Woolworth pasa sin esfuerzo a la yerbasanta y la verdolaga de los primeros soledosos caminos de su infancia. Sus cuentos acusan la movilidad caleidoscópica de su fantasía. El dandysmo de sus cuentos yanquis y cosmopolitas, el exotismo de sus imágenes chinas u orientales («mi alma tiembla como un junco débil»), el romanticismo de sus leyendas incaicas, el impresionismo de sus relatos criollos son en su obra estaciones que se suceden, se repiten, se alternan en el itinerario del artista, sin transiciones y sin rupturas espirituales. Su obra es esencialmente fragmentaria y escisípara. La existencia y el trabajo del artista se resentían de indisciplina y exuberancia criollas. Valdelomar reunía, elevadas a su máxima potencia, las cualidades y los defectos del mestizo costeño. Era un temperamento excesivo, que del más exasperado orgasmo creador caía en el más asiático y fatalista renunciamiento de todo deseo. Simultáneamente ocupaban su imaginación un ensayo estético, una divagación humorística, una tragedia pastoril (*Verdolaga*), una vida romancesca (*La mariscala*). Pero poseía el don del creador. Los gallinazos del Martinete, la Plaza del Mercado, la riñas de gallos, cualquier tema podía poner en marcha su imaginación, con fructuosa cosecha artística. De muchas cosas, Valdelomar es descubridor. A él se le reveló, primero que nadie en nuestras letras, la trágica belleza agonal de las corridas de toros. En tiempos en que este asunto estaba reservado aún a la prosa pedestre de los iniciados en la tauromaquia, escribió su *Belmonte, el trágico*.

La «greguería» empieza con Valdelomar en nuestra literatura. Me consta que los primeros libros de Gómez de la Serna que arribaron a Lima, gustaron sobremanera a Valdelomar. El gusto atomístico de la «greguería» era, además, innato en él, aficionado a la pesquisa original y a la búsqueda microcósmica. Pero, en cambio, Valdelomar no sospechaba aún en Gómez de la Serna al descubridor del Alba. Su retina de criollo impresionista era experta en gozar voluptuosamente, desde la ribera dorada, los colores ambiguos del crepúsculo.

Impresionismo: ésta es, dentro de su variedad espacial, la filiación más precisa de su arte.

XI. Nuestros «Independiente»

Al margen de los movimientos, de las tendencias, de los cenáculos y hasta de las propias generaciones, no han faltado en el proceso de nuestra literatura casos más o menos independientes y solitarios de vocación literaria. Pero en el proceso de una literatura se borra lentamente el recuerdo del escritor y del artista que no dejan descendencia. El escritor, el artista, pueden trabajar fuera de todo grupo, de toda escuela, de todo movimiento. Mas, su obra entonces no puede salvarlo del olvido si no es en sí misma un mensaje a la posteridad. No sobrevive sino el precursor, el anticipador, el suscitador. Por esto, las individualidades me interesan, sobre todo, por su influencia. Las individualidades, en mi estudio, no tienen su más esencial valor en sí mismas, sino en su función de signos.

Ya hemos visto cómo a una generación o, mejor, a un movimiento radical que reconoció su líder en González Prada, siguió un movimiento neocivilista o colonialista que proclamó su patriarca a Palma. Y cómo vino después un movimiento *Colónida* precursor de una nueva generación. Pero eso no quiere decir que toda la literatura de este largo período corresponda necesariamente al fenómeno «futurista» o al fenómeno *Colónida*.

Tenemos el caso del poeta Domingo Martínez Luján, bizarro espécimen de la vieja bohemia romántica, algunos de cuyos versos señalarán en las antologías algo así como la primera nota rubendariana de nuestra poesía. Tenemos el caso de Manuel Beingolea, cuentista de fino humorismo y de exquisita fantasía que cultiva, en el cuento, el decadentismo de lo raro y lo extraordinario. Tenemos el caso de José María Eguren, que representa en nuestra historia literaria la poesía «pura», antes que la poesía simbolista.

El caso de Eguren, empero, por su excepcional ascendiente, no se mantiene extraño al juego de las tendencias. Constituye un valor surgido aparte de una generación, pero que deviene luego un valor polémico en el diálogo de dos generaciones en contraste. Desconocido, desdeñado por la generación «futurista» que aclama como su poeta a Gálvez, Eguren es descubierto y adoptado por el movimiento *Colónida*.

La revelación de Eguren empieza en la revista *Contemporáneos* sobre la que debo decir algunas palabras. *Contemporáneos* marca incontestablemente una fecha en nuestra historia literaria. Fundada por Enrique Bustamante y Ballivián y Julio Alfonso Hernández, esta revista aparece como el órgano de un grupo de «independientes» que sienten la necesidad de afirmar su autonomía del cenáculo «colonialista». De la generación de Riva Agüero, estos «independientes» repudian más la estética que el espíritu. *Contemporáneos* se presenta, ante todo, como la avanzada del modernismo en el Perú. Su programa es exclusivamente literario. Hasta como simple revista de renovación literaria, le falta agresividad, exaltación, beligerancia. Tiene la ponderación parnasiana de Enrique Bustamante y Ballivián, su director. Mas sus actitudes poseen de todos modos un sentido de protesta. Los «independientes» de *Contemporáneos* buscan la amistad de González Prada. Este gesto afirma por sí solo una «secesión». El poeta de *Exóticas*, el prosador de *Páginas libres*, que entonces no colaboraba sino en algún acre y pobre periódico anarquista, reaparece en 1909 ante el público de las revistas literarias, en compañía de unos independientes que estimaban en él al parnasiano, al aristócrata, más que al acusador, más que al rebelde. Pero no importa. Este hecho anuncia ya una reacción.

La revista *Contemporáneos*, desaparecida después de unos cuantos números, intenta renacer en una revista más voluminosa, *Cultura*. Bustamante y Ballivián se asocia para esta tentativa a Valdelomar. Pero antes del primer número los codirectores, riñen. *Cultura* sale sin Valdelomar. El primer y único número da la impresión de una revista más ecléctica, menos representativa que *Contemporáneos*. El fracaso de este experimento prepara a *Colónida*.

Pero estos y otros intentos revelan que si la generación de Riva Agüero no pudo desdoblarse y dividirse en dos bandos, en dos grupos antagónicos y definidos, no constituyó tampoco una generación uniforme y unánime. En ninguna generación se presentan esta uniformidad, esta unanimidad. La de Riva Agüero tuvo sus «independientes», tuvo sus heterodoxos. Espiritual e ideológicamente, el de más personalidad y significación fue sin duda Pedro S. Zulen. A Zulen no le disgustaban únicamente el academicismo y la retórica de los «futuristas»; le disgustaba profundamente el espíritu conservador y tradicionalista. Frente a una generación «colonialista», Zulen se declaró «pro-indigenista». Los demás «independientes» —Enrique Bustamante y Balliviàn, Alberto J. Ureta, etc.— se contentaron con una implícita secesión literaria.

XII. Eguren

José María Eguren representa en nuestra historia literaria la poesía pura. Este concepto no tiene ninguna afinidad con la tesis del Abate Brémond. Quiero simplemente expresar que la poesía de Eguren se distingue de la mayor parte de la poesía peruana en que no pretende ser historia, ni filosofía ni apologética sino exclusiva y solamente poesía.

Los poetas de la República no heredaron de los poetas de la Colonia la afición a la poesía teológica —mal llamada religiosa o mística— pero sí heredaron la afición a la poesía cortesana y ditirámbica. El parnaso peruano se engrosó bajo la República con nuevas odas, magras unas, hinchadas otras. Los poetas pedían un punto de apoyo para mover el mundo, pero este punto de apoyo era siempre un evento, un personaje. La poesía se presentaba, por consiguiente, subordinada a la cronología. Odas a los héroes o hechos de América cuando no a los reyes de España, constituían los más altos monumentos de esta poesía de efemérides o de ceremonia que no encerraba la emoción de una época o de una gesta sino apenas de una fecha. La poesía satírica estaba también, por razón de su oficio, demasiado encadenada al evento, a la crónica.

En otros casos, los poetas cultivaban el poema filosófico que generalmente no es poesía ni es filosofía. La poesía degeneraba en un ejercicio de declamación metafísica.

El arte de Eguren es la reacción contra este arte gárrulo y retórico, casi íntegramente compuesto de elementos temporales y contingentes. Eguren se comporta siempre como un poeta puro. No escribe un solo verso de ocasión, un solo canto sobre medida. No se preocupa del gusto del público ni de la crítica. No canta a España, ni a Alfonso XIII, ni a Santa Rosa de Lima. No recita siquiera sus versos en veladas ni fiestas. Es un poeta que en sus versos dice a los hombres únicamente su mensaje divino.

¿Cómo salva este poeta su personalidad? ¿Cómo encuentra y afina en esta turbia atmósfera literaria sus medios de expresión? Enrique Bustamante y Ballivián que lo conoce íntimamente nos ha dado un interesante esquema de su formación artística: «Dos han sido los más importantes factores en la formación del poeta dotado de riquísimo temperamento: las impresiones campestres recibidas en su infancia en "Chuquitanta", hacienda de su familia en las inmediaciones de Lima, y las lecturas que desde su niñez le hiciera de los clásicos españoles su hermano Jorge. Diéronle las primeras no solo el paisaje que da fondo a muchos de sus poemas, sino el profundo sentimiento de la Naturaleza expresado en símbolos como lo siente la gente del campo que lo anima con leyendas y consejas y lo puebla de duendes y brujos, monstruos y trasgos. De aquellas clásicas lecturas, hechas con culto criterio y ponderado buen gusto, sacó la afición literaria, la riqueza de léxico y ciertos giros arcaicos que dan sabor peculiar a su muy moderna poesía. De su hogar, profundamente cristiano y místico, de recia moralidad cerrada, obtuvo la pureza de alma y la tendencia al ensueño. Puede agregarse que en él, por su hermana Susana, buena pianista y cantante, obtuvo la afición musical que es tendencia de muchos de sus versos. En cuanto al color y a la riqueza plástica, no se debe olvidar que Eguren es un buen pintor (aunque no llegue a su altura de poeta) y que comenzó a pintar antes de escribir. Ha notado algún crítico que Eguren es un poeta de la infancia y que allí está su virtud principal. Ello seguramente ha de tener origen (aunque discrepemos de la opinión del crítico) en que los primeros versos del poeta fueron escritos para sus sobrinas y que son cuadros de la infancia en que ellas figuran».[73]

Encuentro excesivo o, más bien, impreciso, calificar a Eguren de poeta de la infancia. Pero me parece evidente su calidad esencial de poeta de espíritu y sensibilidad infantiles. Toda su poesía es una versión encantada y alucinada de la vida. Su simbolismo viene, ante todo, de sus impresiones de niño. No depende de influencias ni de sugestiones literarias. Tiene sus raíces en la propia alma del poeta. La poesía de Eguren es la prolongación de su infancia. Eguren conserva íntegramente en sus versos la ingenuidad y

---

73 *Boletín Bibliográfico de la Universidad de Lima*, n.º 15 (1915). Nota crítica a una selección de poemas de Eguren hecha por el bibliotecario de la Universidad, Pedro S. Zulen, uno de los primeros en apreciar y admirar el genio del poeta de *Simbólicas*.

la *rêverie* del niño. Por eso su poesía en una visión tan virginal de las cosas. En sus ojos deslumbrados de infante, está la explicación total del milagro.

Este rasgo del arte de Eguren no aparece solo en las que específicamente pueden ser clasificadas como poesías de tema infantil. Eguren expresa siempre las cosas y la Naturaleza con imágenes que es fácil identificar y reconocer como escapadas de su subconsciencia de niño. La plástica imagen de un «rey colorado de barba de acero» —una de la notas preciosas de Eroe, poesía de música rubendariana— no puede ser encontrada sino por la imaginación de un infante. «Los reyes rojos», una de las más bellas creaciones del simbolismo de Eguren, acusa análogo origen en su bizarra composición de calcomanía:

Desde la aurora
combaten dos reyes rojos
con lanza de oro.

Por verde bosque
y en los purpurinos cerros
vibra su ceño.

Falcones reyes
batallan en lejanías
de oro azulinas.

Por la luz cadmio,
airadas se ven pequeñas
sus formas negras.
Viene la noche
y firmes combaten foscos
los reyes rojos.

Nace también de este encantamiento del alma de Eguren su gusto por lo maravilloso y lo fabuloso. Su mundo es el mundo indescifrable y aladinesco de «la niña de la lámpara azul». Con Eguren aparece por primera vez en nuestra literatura la poesía de lo maravilloso. Uno de los elementos y de las características de esta poesía es el exotismo. *Simbólicas* tiene un fondo de mitología escandinava y de medioevo germano. Los mitos helenos no asoman nunca en el paisaje wagneriano y grotesco de sus cromos sintetistas. Eguren no tiene ascendientes en la literatura peruana. No los tiene tampoco en la propia poesía española. Bustamante y Ballivián afirma que González Prada «no encontraba en ninguna literatura origen al simbolismo de Eguren». También yo recuerdo haber oído a González Prada más o menos las mismas palabras.

Clasifico a Eguren entre los precursores del período cosmopolita de nuestra literatura. Eguren —he dicho ya— aclimata en un clima poco propicio la flor preciosa y pálida del simbolismo. Pero esto no quiere decir que yo comparta, por ejemplo, la opinión de los que suponen en Eguren influencias vivamente perceptibles del simbolismo francés. Pienso, por el contrario, que esta opinión es equivocada. El simbolismo francés no nos da la clave del arte de Eguren. Se pretende que en Eguren hay trazas especiales de la influencia de Rimbaud. Mas el gran Rimbaud era, temperamentalmente, la antítesis de Eguren. Nietzscheano, agónico, Rimbaud habría exclamado con el Guillén de *Deucalión*: «Yo he de ayudar al Diablo a conquistar el cielo». André Rouveyre lo declara «el prototipo del sarcasmo demoníaco y de blasfemo despreciante». Mílite de la Comuna, Rimbaud tenía una psicología de aventurero y de revolucionario. «Hay que ser absolutamente moderno», repetía. Y para serlo dejó a los veintidós años la literatura y París. A ser poeta en París prefirió ser pioneer en África. Su vitalidad excesiva no se resignaba a una bohemia citadina y decadente, más o menos verleniana. Rimbaud, en una palabra, era un ángel rebelde. Eguren, en cambio, se nos muestra siempre exento de satanismo. Sus tormentas, sus pesadillas son encantada e infantilmente feéricas. Eguren encuentra pocas veces su acento y su alma tan cristalinamente como en «Los ángeles tranquilos»:

Pasó el vendaval; ahora
con perlas y berilos,
cantan la soledad aurora
los ángeles tranquilos.

Modulan canciones santas
en dulces bandolines;
viendo caídas las hojosas plantas
de campos y jardines.

Mientras el Sol en la neblina
vibra sus oropeles,
besan la muerte blanquecina
en los Saharas crueles.

Se alejan de madrugada
con perlas y berilos
y con la luz del cielo en la mirada
los ángeles tranquilos.

El poeta de *Simbólicas* y de *La canción de las figuras* representa, en nuestra poesía, el simbolismo; pero no un simbolismo. Y mucho menos una escuela simbolista. Que nadie le regatee originalidad. No es lícito regatearla a quien ha escrito versos tan absoluta y rigurosamente originales como los de «El Duque»:

Hoy se casa el duque Nuez;
viene el chantre, viene el juez
y con pendones escarlata
florida cabalgata;
a la una, a las dos, a las diez;
que se casa el Duque primor
con la hija de Clavo de Olor.
Allí están, con pieles de bisonte,
los caballos de Lobo del Monte,
y con ceño triunfante,
Galo cetrino, Rodolfo Montante.
Y en la capilla está la bella,

mas no ha venido el Duque tras ella;
los magnates postradores,
aduladores
al suelo el penacho inclinan;
los corvados, los bisiestos
dan sus gestos, sus gestos, sus gestos;
y la turba melenuda
estornuda, estornuda, estornuda.
Y a los pórticos y a los espacios
mira la novia con ardor...
son sus ojos dos topacios
de brillor.
Y hacen fieros ademanes,
nobles rojos como alacranes;
concentrando sus resuellos
grita el más hercúleo de ellos:
¿Quién al gran Duque entretiene?
¡ya el gran cortejo se irrita!...
Pero el Duque no viene;...
se lo ha comido Paquita.

Rubén Darío creía pensar en francés más bien que en castellano. Probablemente no se engañaba. El decadentismo, el preciosismo, el bizantinismo de su arte son los del París finisecular y verleniano del cual el poeta se sintió huésped y amante. Su barca, «provenía del divino astillero del divino Watteau». Y el galicismo de su espíritu engendraba el galicismo de su lenguaje. Eguren no presenta el uno ni el otro. Ni siquiera su estilo se resiente de afrancesamiento.[74] Su forma es española; no es francesa. Es frecuente y es sólito en sus versos, como lo remarca Bustamante y Ballivián, el giro arcaico. En nuestra literatura, Eguren es uno de los que representan la reacción contra el españolismo porque hasta su orto, el españolismo era todavía retoricismo barroco o romanticismo grandilocuente. Eguren, en todo caso, no es

---

74 No escasean en los versos de Eguren los italianismos. El gusto de las palabras italianas —que no lo latiniza—, nace en el poeta de su trato de la poesía de Italia, fomentado en él por las lecturas de su hermano Jorge que residió largamente en ese país.

como Rubén Darío un enamorado de la Francia siglo dieciocho y rococó. Su espíritu desciende del medioevo, más bien que del setecientos. Yo lo hallo hasta más gótico que latino. Ya he aludido a su predilección por los mitos escandinavos y germánicos. Constataré ahora que en algunas de sus primeras composiciones, de acento y gusto un poco rubendarianos, como «Las bodas vienesas» y «Lis», la imaginación de Eguren abandona siempre el mundo dieciochesco para partir en busca de un color o una nota medioevales:

Comienzan ambiguas
añosas marquesas
sus danzas antiguas
y sus polonesas.

Y llegan arqueros
de largos bigotes
y evitan los fieros
de los monigotes.

Me parece que algunos elementos de su poesía —la ternura y el candor de la fantasía, *verbigratia*— emparentan vagamente a veces a Eguren con Maeterlinck —el Maeterlinck de los buenos tiempos. Pero esta indecisa afinidad no revela precisamente una influencia maeterlinckiana. Depende más bien de que la poesía de Eguren, por las rutas de lo maravilloso, por los caminos del sueño, toca el misterio. Mas Eguren interpreta el misterio con la inocencia de un niño alucinado y vidente. Y en Maeterlinck el misterio es con frecuencia un producto de alquimia literaria.

Objetando su galicismo, analizando su simbolismo, se abre de improviso, feéricamente, como en un encantamiento, la puerta secreta de una interpretación genealógica del espíritu y del temperamento de José M. Eguren.

Eguren desciende del Medioevo. Es un eco puro —extraviado en el trópico americano— del Occidente medioeval. No procede de la España morisca sino de la España gótica. No tiene nada de árabe en su temperamento ni en su espíritu. Ni siquiera tiene mucho de latino. Sus gustos son un poco nórdicos. Pálido personaje de Van Dyck, su poesía se puebla a veces de imágenes y reminiscencias flamencas y germanas. En Francia el clasicismo le reprocharía su falta de orden y claridad latinas. Maurras lo hallaría demasiado tudesco y caótico. Porque Eguren no procede de la Europa renacentista o rococó. Procede espiritualmente de la edad de las cruzadas y las catedrales. Su fantasía bizarra tiene un parentesco característico con la de los decoradores de las catedrales góticas en su afición a lo grotesco. El genio infantil de Eguren se divierte en lo grotesco, finamente estilizado con gusto prerrenacentista:

Dos infantes oblongos deliran
y al cielo levantan sus rápidas manos
y dos rubias gigantes suspiran
y el coro preludian cretinos ancianos.

Y al dulzor de virgíneas camelias
va en pos del cortejo la banda macrovia
y rígidas, fuertes, las tías Adelias,
y luego cojeando, cojeando la novia.

(«Las bodas vienesas»)

A la sombra de los estucos
llegan viejos y zancos,
en sus mamelucos
los vampiros blancos.

(«Diosa ambarina»)

Los magnates postradores
aduladores
al suelo el penacho inclinan;
los corvados, los bisiestos
dan sus gestos, sus gestos, sus gestos;
y la turba melenuda

estornuda, estornuda, estornuda.

(«El Duque»)

En Eguren subsiste, mustiado por los siglos, el espíritu aristocrático. Sabemos que en el Perú la aristocracia colonial se transformó en burguesía republicana. El antiguo «encomendero» reemplazó formalmente sus principios feudales y aristocráticos por los principios demoburgueses de la revolución libertadora. Este sencillo cambio le permitió conservar sus privilegios de «encomendero» y latifundista. Por esta metamorfosis, así como no tuvimos bajo el Virreinato una auténtica aristocracia, no tuvimos tampoco bajo la República una auténtica burguesía. Eguren —el caso tenía que darse en un poeta— es tal vez el único descendiente de la genuina Europa medioeval y gótica. Biznieto de la España aventurera que descubrió América, Eguren se satura en la hacienda costeña, en el solar nativo, de ancianos aromas de leyenda. Su siglo y su medio no sofocan en él del todo el alma medioeval. (En España, Eguren habría amado como Valle-Inclán los héroes y los hechos de las guerras carlistas.) No nace cruzado —es demasiado tarde para serlo—, pero nace poeta. La afición de su raza a la aventura se salva en la goleta corsaria de su imaginación. Como no le es dado tener el alma aventurera, tiene al menos aventurera la fantasía.

Nacida medio siglo antes, la poesía de Eguren habría sido romántica,[75] aunque no por esto de mérito menos imperecedero. Nacida bajo el signo de la decadencia novecentista, tenía que ser simbolista. (Maurras no se engaña cuando mira en el simbolismo la cola de la cola del romanticismo.) Eguren habría necesitado siempre evadirse de su época, de la realidad. El arte es una evasión cuando el artista no puede aceptar ni traducir la época y la realidad que le tocan. De estos artistas han sido en nuestra América —dentro de sus temperamentos y sus tiempos disímiles— José Asunción Silva y Julio Herrera y Reissig.

Estos artistas maduran y florecen extraños y contrarios al penoso y áspero trabajo de crecimiento de sus pueblos. Como diría Jorge Luis Borges, son

---

[75] Una buena parte de la obra de Eguren es romántica, y no solo en *Simbólicas* sino en *Sombras* y aún en *Rondinelas*, las dos últimas jornadas de su poesía.

artistas de una cultura, no de una estirpe. Pero son quizá los únicos artistas que, en ciertos períodos de su historia, puede poseer un pueblo, puede producir una estirpe. Valerio Brussiov, Alejandro Blok, simbolistas y aristócratas también, representaron en los años anteriores a la revolución, la poesía rusa. Venida la revolución, los dos descendieron de su torre solariega al ágora ensangrentada y tempestuosa.

Eguren, en el Perú, no comprende ni conoce al pueblo. Ignora al indio, lejano de su historia y extraño a su enigma. Es demasiado occidental y extranjero espiritualmente para asimilar el orientalismo indígena. Pero, igualmente, Eguren no comprende ni conoce tampoco la civilización capitalista, burguesa, occidental. De esta civilización, le interesa y le encanta únicamente, la colosal juguetería. Eguren se puede suponer moderno porque admira el avión, el submarino, el automóvil. Mas en el avión, en el automóvil, etc., admira no la máquina sino el juguete. El juguete fantástico que el hombre ha construido para atravesar los mares y los continentes. Eguren ve el hombre jugar con la máquina; no ve, como Rabindranath Tagore, a la máquina esclavizar al hombre.

La costa mórbida, blanda, parda, lo ha aislado tal vez de la historia y de la gente peruanas. Quizá la sierra lo habría hecho diferente. Una naturaleza incolora y monótona es responsable, en todo caso, de que su poesía sea algo así como una poesía de cámara. Poesía de estancia y de interior. Porque así como hay una música y una pintura de cámara, hay también una poesía de cámara. Que, cuando es la voz de un verdadero poeta, tiene el mismo encanto.

XIII. Alberto Hidalgo

Alberto Hidalgo significó en nuestra literatura, de 1917 al 18, la exasperación y la terminación del experimento *Colónida*. Hidalgo llevó la megalomanía, la egolatría, la beligerancia del gesto *Colónida* a sus más extremas consecuencias. Los bacilos de esta fiebre, sin la cual no habría sido posible tal vez elevar la temperatura de nuestras letras, alcanzaron en el Hidalgo, todavía provinciano de *Panoplia lírica*, su máximo grado de virulencia. Valdelomar estaba ya de regreso de su aventuroso viaje por los dominios d'annunzianos, en el cual —acaso porque en D'Annunzio junto a Venecia bizantina está el Abruzzo rústico y la playa adriática—, descubrió la costa de la criolledad y entrevió lejano el continente del incaísmo. Valdelomar había guardado, en sus actitudes más ególatras, su humorismo. Hidalgo, un poco tieso aún dentro de su chaqué arequipeño, no tenía la misma agilidad para la sonrisa. El gesto *Colónida* en él era patético. Pero Hidalgo, en cambio iba a aportar a nuestra renovación literaria, quizá por su misma bronca virginidad de provinciano, a quien la urbe no había aflojado, un gusto viril por la mecánica, el maquinismo, el rascacielo, la velocidad, etc. Si con Valdelomar incorporamos en nuestra sensibilidad, antes estragada por el espeso chocolate escolástico, a D'Annunzio, con Hidalgo asimilamos a Marinetti, explosivo, trepidante, camorrista. Hidalgo, panfletista y lapidario, continuaba, desde otro punto de vista, la línea de González Prada y More. Era un personaje excesivo para un público sedentario y reumático. La fuerza centrífuga y secesionista que lo empuja, se lo llevó de aquí en un torbellino.

Hoy Hidalgo es, aunque no se mueva de un barrio de Buenos Aires, un poeta del idioma. Apenas si, como antecedente, se puede hablar de sus aventuras de poeta local. Creciendo, creciendo, ha adquirido efectiva estatura americana. Su literatura tiene circulación y cotización en todos los mercados del mundo hispano. Como siempre, su arte es de secesión. El clima austral ha temperado y robustecido sus nervios un poco tropicales, que conocen todos los grados de la literatura y todas las latitudes de la imaginación. Pero Hidalgo está —como no podía dejar de estar— en la vanguardia. Se siente —según sus palabras—, en la izquierda de la izquierda.

Esto quiere decir, ante todo, que Hidalgo ha visitado las diversas estaciones y recorrido los diversos caminos del arte ultramoderno. La experiencia vanguardista le es, íntegramente, familiar. De esta gimnasia incesante, ha sacado una técnica poética depurada de todo rezago sospechoso. Su expresión es límpida, bruñida, certera, desnuda. El lema de su arte es este: «simplismo».

Pero Hidalgo, por su espíritu está, sin quererlo y sin saberlo, en la última estación romántica. En muchos versos suyos, encontramos la confesión de su individualismo absoluto. De todas las tendencias literarias contemporáneas, el unanimismo es, evidentemente, la más extraña y ausente de su poesía. Cuando logra su más alto acento de lírico puro, se evade a veces de su egocentrismo. Así, por ejemplo, cuando dice: «Soy apretón de manos a todo lo que vive. / Poseo plena la vecindad del mundo». Mas con estos versos empieza su poema «Envergadura del anarquista» que es la más sincera y lírica efusión de su individualismo. Y desde el segundo verso, la idea de «vecindad del mundo» acusa el sentimiento de secesión y de soledad.

El romanticismo —entendido como movimiento literario y artístico, anexo a la revolución burguesa— se resuelve, conceptual y sentimentalmente, en individualismo. El simbolismo, el decadentismo, no han sido sino estaciones románticas. Y lo han sido también las escuelas modernistas en los artistas que no han sabido escapar al subjetivismo excesivo de la mayor parte de sus proposiciones.

Hay un síntoma sustantivo en el arte individualista, que indica, mejor que ningún otro, un proceso de disolución: el empeño con que cada arte, y hasta cada elemento artístico, reivindica su autonomía. Hidalgo es uno de los que más radicalmente adhieren a este empeño, si nos atenemos a su tesis del «poema de varios lados». «Poema en el que cada uno de sus versos constituye un ser libre, a pesar de hallarse al servicio de una idea o de una emoción centrales.» Tenemos así proclamada, categóricamente, la autonomía, la individualidad del verso. La estética del anarquista no podía ser otra.

Políticamente, históricamente, el anarquismo es, como está averiguado, la extrema izquierda del liberalismo. Entra, por tanto, a pesar de todas las protestas inocentes o interesadas, en el orden ideológico burgués. El anarquista, en nuestro tiempo, puede ser un *revolté*, pero no es, históricamente, un revolucionario.

Hidalgo —aunque lo niegue— no ha podido sustraerse a la emoción revolucionaria de nuestro tiempo cuando ha escrito su *Ubicación de Lenin* y su *Biografía de la palabra revolución*. En el prefacio de su último libro *Descripción del cielo*, la visión subjetiva lo hace, sin embargo, escribir que el primero «es un poema de exaltación, de pura lírica, no de doctrina» y que «Lenin ha sido un pretexto para crear como pudo serlo una montaña, un río o una máquina», y que «*Biografía de la palabra revolución*, es un elogio de la revolución pura, de la revolución en sí, cualquiera que sea la causa que la dicte». La revolución pura, la revolución en sí, querido Hidalgo, no existe para la historia y, no existe tampoco para la poesía. La revolución pura es una abstracción. Existen la revolución liberal, la revolución socialista, otras revoluciones. No existe la revolución pura, como cosa histórica ni como tema poético.

De las tres categorías primarias en que, por comodidad de clasificación y de crítica, cabe, a mi juicio, dividir la poesía de hoy —lírica pura, disparate absoluto, y épica revolucionaria—, Hidalgo siente, sobre todo, la primera; y aquí está su fuerza más grande, la que le ha dado sus más bellos poemas. El poema a Lenin es una creación lírica. (Hidalgo se engaña solo en cuanto se supone ajeno a la emoción histórica.) Este poema, que ha salvado íntegramente todos los riesgos profesionales, es a la vez de una gran pureza poética. Lo trascribiría entero, si estos versos no bastasen:

En el corazón de los obreros su nombre se levanta antes que el Sol.
Lo bendicen los carretes de hilo
desde lo alto de los mástiles
de todas las máquinas de coser

Pianos de la época las máquinas de escribir tocan sonatas en su honor.
Es el descanso automático
que hace leve el andar del vendedor ambulante

Cooperativa general de esperanzas

Su pregón cae en la alcancía de los humildes
ayudando a pagar la casa a plazos

Horizonte hacia el que se abre la ventana del pobre

Colgado del badajo del Sol golpea en los metales de la tarde
para que salgan a las 17 los trabajadores

Su lirismo salva a Hidalgo de caer en un arte excesivamente cerebral, subjetivo, nihilista. No es posible dudar de él, capaz de recrearse en este «Dibujo del Niño»:

Infancia pueblo de los recuerdos
tomo el tranvía para irme a él.

La evasión de las cosas se inicia con terquedad de aceite que se esparce

El suelo no está aquí
Pasa una nube y borra el cielo
Desaparecen aire y luz y esto queda vacío.
Entonces sales de un brinco del fondo inabordable de mi olvido
Fue en el recodo de una tarde señalado de luz por tu silueta
Una emoción sin nombre tenía encadenadas nuestras manos

Tus miradas convocaban mi beso
Pero tu risa río entre los dos corría separándonos niña
Y yo desde mi orilla te postergué hasta el sueño.

Ahora tengo treinta años menos de los que me entregaron para darte
Si tú has muerto yo guardo este paisaje de mi corazón pintado en ti.

El disparate —si enjuiciamos la actualidad de Hidalgo por *Descripción del Cielo*—, desaparece casi completamente de su poesía. Es, más bien, uno de los elementos de su prosa; y nunca es, en verdad, disparate absoluto. Carece de su incoherencia alucinada: tiende, más bien, al disparate lógico, racional. La épica revolucionaria —que anuncia un nuevo romanticismo indemne del individualismo del que termina— no se concilia con su temperamento ni con su vida, violentamente anárquicos.

A su individualismo exasperado, debe Hidalgo su dificultad para el cuento o la novela. Cuando los intenta, se mueve dentro de un género que exige la extraversión del artista. Los cuentos de Hidalgo son los de un artista intravertido. Sus personajes aparecen esquemáticos, artificiales, mecánicos. Le sobra a su creación, hasta cuando es más fantástica, la excesiva, intolerante y tiránica presencia del artista, que se niega a dejar vivir a sus criaturas por su propia cuenta, porque pone demasiado en todas ellas su individualidad y su intención.

XIV. César Vallejo

El primer libro de César Vallejo, *Los heraldos negros*, es el orto de una nueva poesía en el Perú. No exagera, por fraterna exaltación, Antenor Orrego, cuando afirma que «a partir de este sembrador se inicia una nueva época de la libertad, de la autonomía poética, de la vernácula articulación verbal».[76] Vallejo es el poeta de una estirpe, de una raza. En Vallejo se encuentra, por primera vez en nuestra literatura, sentimiento indígena virginalmente expresado. Melgar —signo larvado, frustrado— en sus yaravíes es aún un prisionero de la técnica clásica, un gregario de la retórica española. Vallejo, en cambio, logra en su poesía un estilo nuevo. El sentimiento indígena tiene en sus versos una modulación propia. Su canto es íntegramente suyo. Al poeta no le basta traer un mensaje nuevo. Necesita traer una técnica y un lenguaje nuevos también. Su arte no tolera el equívoco y artificial dualismo de la esencia y la forma. «La derogación del viejo andamiaje retórico —remarca certeramente Orrego— no era un capricho o arbitrariedad del poeta, era una necesidad vital. Cuando se comienza a comprender la obra de Vallejo, se comienza a comprender también la necesidad de una técnica renovada y distinta.»[77] El sentimiento indígena es en Melgar algo que se vislumbra solo en el fondo de sus versos; en Vallejo es algo que se ve aflorar plenamente al verso mismo cambiando su estructura. En Melgar no es sino el acento; en Vallejo es el verbo. En Melgar, en fin, no es sino queja erótica; en Vallejo es empresa metafísica. Vallejo es un creador absoluto. *Los heraldos negros* podía haber sido su obra única. No por eso Vallejo habría dejado de inaugurar en el proceso de nuestra literatura una nueva época. En estos versos del pórtico de *Los heraldos negros* principia acaso la poesía peruana. (Peruana, en el sentido de indígena.)

Hay golpes en la vida, tan fuertes... Yo no sé!
Golpes como del odio de Dios; como si ante ellos,

---

76 Antenor Orrego, *Panoramas*, ensayo sobre César Vallejo.
77 Orrego, *op. cit.*

la resaca de todo lo sufrido
se empozara en el alma... Yo no sé!

Son pocos; pero son... Abren zanjas oscuras
en el rostro más fiero y en el lomo más fuerte.
Serán tal vez los potros de bárbaros atilas;
o *Los heraldos negros* que nos manda la Muerte.

Son las caídas hondas de los Cristos del alma,
de alguna fe adorable que el Destino blasfema.
Esos golpes sangrientos son las crepitaciones
de algún pan que en la puerta del horno se nos quema.

Y el hombre... Pobre... pobre! Vuelve los ojos, como
cuando por sobre el hombro nos llama una palmada;
vuelve los ojos locos, y todo lo vivido
se empoza, como un charco de culpa, en la mirada.

Hay golpes en la vida, tan fuertes... Yo no sé!

Clasificado dentro de la literatura mundial, este libro, *Los heraldos negros*, pertenece parcialmente, por su título verbigracia, al ciclo simbolista. Pero el simbolismo es de todos los tiempos. El simbolismo, de otro lado, se presta mejor que ningún otro estilo a la interpretación del espíritu indígena. El indio, por animista y por bucólico, tiende a expresarse en símbolos e imágenes antropomórficas o campesinas. Vallejo además no es sino en parte simbolista. Se encuentra en su poesía —sobre todo de la primera manera— elementos de simbolismo, tal como se encuentra elementos de expresionismo, de dadaísmo y de suprarrealismo. El valor sustantivo de Vallejo es el creador. Su técnica está en continua elaboración. El procedimiento, en su arte, corresponde a un estado de ánimo. Cuando Vallejo en sus comienzos toma en préstamo, por ejemplo, su método a Herrera Reissig, lo adapta a su personal lirismo.

Mas lo fundamental, lo característico en su arte es la nota india. Hay en Vallejo un americanismo genuino y esencial; no un americanismo descriptivo o localista. Vallejo no recurre al folklore. La palabra quechua, el giro vernáculo no se injertan artificiosamente en su lenguaje; son en él producto espontáneo, célula propia, elemento orgánico. Se podría decir que Vallejo no elige sus vocablos. Su autoctonismo no es deliberado. Vallejo no se hunde en la tradición, no se interna en la historia, para extraer de su oscuro *substractum* perdidas emociones. Su poesía y su lenguaje emanan de su carne y su ánima. Su mensaje está en él. El sentimiento indígena obra en su arte quizá sin que él lo sepa ni lo quiera.

Uno de los rasgos más netos y claros del indigenismo de Vallejo me parece su frecuente actitud de nostalgia. Valcárcel, a quien debemos tal vez la más cabal interpretación del alma autóctona, dice que la tristeza del indio no es sino nostalgia. Y bien, Vallejo es acendradamente nostálgico. Tiene la ternura de la evocación. Pero la evocación en Vallejo es siempre subjetiva. No se debe confundir su nostalgia concebida con tanta pureza lírica con la nostalgia literaria de los pasadistas. Vallejo es nostalgioso, pero no meramente retrospectivo. No añora el Imperio como el pasadismo perricholesco añora el Virreinato. Su nostalgia es una protesta sentimental o una protesta metafísica. Nostalgia de exilio; nostalgia de ausencia.

Qué estará haciendo esta hora mi andina y dulce Rita
de junco y capulí;
ahora que me asfixia Bizancio, y que dormita
la sangre, como flojo cognac, dentro de mí.

(«Idilio muerto», *Los heraldos negros*)

Hermano, hoy estoy en el poyo de la casa,
Donde nos haces una falta sin fondo!
Me acuerdo que jugábamos esta hora, y que mamá
nos acariciaba: «Pero hijos...»

(«A mi hermano Miguel», *Los heraldos negros*)

He almorzado solo ahora, y no he tenido
madre, ni súplica, ni sírvete, ni agua,
ni padre que en el facundo ofertorio
de los choclos, pregunte para su tardanza
de imagen, por los broches mayores del sonido

(XXVIII, *Trilce*)

Se acabó el extraño, con quien, tarde
la noche, regresabas parla y parla.
Ya no habrá quien me aguarde,
dispuesto mi lugar, bueno lo malo.

Se acabó la calurosa tarde;
tu gran bahía y tu clamor; la charla
con tu madre acabada
que nos brindaba un té lleno de tarde.

(XXXIV, *Trilce*)

Otras veces Vallejo presiente o predice la nostalgia que vendrá:

Ausente! La mañana en que a la playa
del mar de sombra y del callado imperio,
como un pájaro lúgubre me vaya,
será el blanco panteón tu cautiverio.

(«Ausente», *Los heraldos negros*)

Verano, ya me voy. Y me dan pena
las manitas sumisas de tus tardes.
Llegas devotamente; llegas viejo;
y ya no encontrarás en mi alma a nadie.

(«Verano», *Los heraldos negros*)

Vallejo interpreta a la raza en un instante en que todas sus nostalgias, punzadas por un dolor de tres siglos, se exacerban. Pero —y en esto se identifica también un rasgo de alma india—, sus recuerdos están llenos de esa dulzura de maíz tierno que Vallejo gusta melancólicamente cuando nos habla del «Facundo ofertorio de los choclos».

Vallejo tiene en su poesía el pesimismo del indio. Su hesitación, su pregunta, su inquietud, se resuelven escépticamente en un «¡para qué!». En este pesimismo se encuentra siempre un fondo de piedad humana. No hay en él nada de satánico ni de morboso. Es el pesimismo de un ánima que sufre y expía «la pena de los hombres» como dice Pierre Hamp. Carece este pesimismo de todo origen literario. No traduce una romántica desesperanza de adolescente turbado por la voz de Leopardi o de Schopenhauer. Resume la experiencia filosófica, condensa la actitud espiritual de una raza, de un pueblo. No se le busque parentesco ni afinidad con el nihilismo o el escepticismo intelectualista de Occidente. El pesimismo de Vallejo, como el pesimismo del indio, no es un concepto sino un sentimiento. Tiene una vaga trama de fatalismo oriental que lo aproxima, más bien, al pesimismo cristiano y místico de los eslavos. Pero no se confunde nunca con esa neurastenia angustiada que conduce al suicidio a los lunáticos personajes de Andreiev y Arzibachev. Se podría decir que así como no es un concepto, tampoco es una neurosis.

Este pesimismo se presenta lleno de ternura y caridad. Y es que no lo engendra un egocentrismo, un narcisismo, desencantados y exasperados, como en casi todos los casos del ciclo romántico. Vallejo siente todo el dolor humano. Su pena no es personal. Su alma «está triste hasta la muerte» de la tristeza de todos los hombres. Y de la tristeza de Dios. Porque para el poeta no solo existe la pena de los hombres. En estos versos nos habla de la pena de Dios:

Siento a Dios que camina
tan en mí, con la tarde y con el mar.
Con él nos vamos juntos. Anochece.

Con él anochecemos. Orfandad...

Pero yo siento a Dios. Y hasta parece
que él me dicta no sé qué buen color.
Como un hospitalario, es bueno y triste;
mustia un dulce desdén de enamorado:
debe dolerle mucho el corazón.

Oh, Dios mío, recién a ti me llego,
hoy que amo tanto en esta tarde; hoy
que en la falsa balanza de unos senos,
miro y lloro una frágil Creación.

Y tú, cuál llorarás... tú, enamorado
de tanto enorme seno girador...
Yo te consagro Dios, porque amas tanto;
porque jamás sonríes; porque siempre
debe dolerte mucho el corazón.

Otros versos de Vallejo niegan esta intuición de la divinidad. En «Los da-
dos eternos» el poeta se dirige a Dios con amargura rencorosa. «Tú que
estuviste siempre bien, no sientes nada de tu creación.» Pero el verdadero sentimiento del poeta, hecho siempre de piedad y de amor, no es éste.
Cuando su lirismo, exento de toda coerción racionalista, fluye libre y genero-
samente, se expresa en versos como éstos, los primeros que hace diez años
me revelaron el genio de Vallejo:

El suertero que grita «La de a mil»
contiene no sé qué fondo de Dios.

Pasan todos los labios. El hastío
despunta en una arruga su yanó.
Pasa el suertero que atesora, acaso
nominal, como Dios,

entre panes tantálicos, humana
impotencia de amor.

Yo le miro el andrajo. Y él pudiera
darnos el corazón;
pero la suerte aquella que en sus manos
aporta, pregonando en alta voz,
como un pájaro cruel, irá a parar
adonde no lo sabe ni lo quiere
este bohemio dios.

Y digo en este viernes tibio que anda
a cuestas bajo el Sol:
ipor qué se habrá vestido de suertero
la voluntad de Dios!

«El poeta —escribe Orrego— habla individualmente, particulariza el lenguaje, pero piensa, siente y ama universalmente.» Este gran lírico, este gran subjetivo, se comporta como un intérprete del universo, de la humanidad. Nada recuerda en su poesía la queja egolátrica y narcisista del romanticismo. El romanticismo del siglo XIX fue esencialmente individualista; el romanticismo del novecientos es, en cambio, espontáneo y lógicamente socialista, unanimista. Vallejo, desde este punto de vista, no solo pertenece a su raza, pertenece también a su siglo, a su evo.[78]

Es tanta su piedad humana que a veces se siente responsable de una parte del dolor de los hombres. Y entonces se acusa a sí mismo. Lo asalta el temor, la congoja de estar también él, robando a los demás:

Todos mis huesos son ajenos;

---

78 Jorge Basadre juzga que en *Trilce*, Vallejo emplea una nueva técnica, pero que sus motivos continúan siendo románticos. Pero la más alquitarada «nueva poesía», en la medida en que extrema su subjetivismo, también es romántica, como observo a propósito de Hidalgo. En Vallejo hay, ciertamente, mucho de viejo romanticismo y decadentismo hasta *Trilce*, pero el mérito de su poesía se valora por los grados en que supera y trasciende esos residuos. Además, convendría entenderse previamente sobre el término romanticismo.

yo tal vez los robé!
Yo vine a darme lo que acaso estuvo
asignado para otro;
y pienso que, si no hubiera nacido,
otro pobre tomara este café!
Yo soy un mal ladrón... A dónde iré!

Y en esta hora fría, en que la tierra
trasciende a polvo humano y es tan triste,
quisiera yo tocar todas las puertas,
y suplicar a no sé quién, perdón,
y hacerle pedacitos de pan fresco
aquí, en el horno de mi corazón...!

La poesía de *Los heraldos negros* es así siempre. El alma de Vallejo se da entera al sufrimiento de los pobres.

Arriero, vas fabulosamente vidriado de sudor.
La Hacienda Menocucho
cobra mil sinsabores diarios por la vida

Este arte señala el nacimiento de una nueva sensibilidad. Es un arte nuevo, un arte rebelde, que rompe con la tradición cortesana de una literatura de bufones y lacayos. Este lenguaje es el de un poeta y un hombre. El gran poeta de *Los heraldos negros* y de *Trilce* —ese gran poeta que ha pasado ignorado y desconocido por las calles de Lima tan propicias y rendidas a los laureles de los juglares de feria— se presenta, en su arte, como un precursor del nuevo espíritu, de la nueva conciencia.

Vallejo, en su poesía, es siempre un alma ávida de infinito, sedienta de verdad. La creación en él es, al mismo tiempo, inefablemente dolorosa y exultante. Este artista no aspira sino a expresarse pura e inocentemente. Se despoja, por eso, de todo ornamento retórico, se desviste de toda vanidad literaria. Llega a la más austera, a la más humilde, a la más orgullosa sencillez en la forma. Es un místico de la pobreza que se descalza para que sus pies conozcan desnudos la dureza y la crueldad de su camino. He aquí lo que escribe a Antenor Orrego después de haber publicado *Trilce*: «El libro ha nacido en el mayor vacío. Soy responsable de él. Asumo toda la responsabilidad de su estética. Hoy, y más que nunca quizás, siento gravitar sobre mí, una hasta ahora desconocida obligación sacratísima, de hombre y de artista: ¡la de ser libre! Si no he de ser hoy libre, no lo seré jamás. Siento que gana el arco de mi frente su más imperativa fuerza de heroicidad. Me doy en la forma más libre que puedo y ésta es mi mayor cosecha artística. ¡Dios sabe hasta dónde es cierta y verdadera mi libertad! ¡Dios sabe cuánto he sufrido para que el ritmo no traspasara esa libertad y cayera en libertinaje! ¡Dios sabe hasta qué bordes espeluznantes me he asomado, colmado de miedo, temeroso de que todo se vaya a morir a fondo para que mi pobre ánima viva!». Éste es inconfundiblemente el acento de un verdadero creador, de un auténtico artista. La confesión de su sufrimiento es la mejor prueba de su grandeza.

XV. Alberto Guillén

Alberto Guillén heredó de la generación *Colónida* el espíritu iconoclasta y ególatra. Extremó en su poesía la exaltación paranoica del yo. Pero, a tono con el nuevo estado de ánimo que maduraba ya, tuvo su poesía un acento viril. Extraño a los venenos de la urbe, Guillén discurrió, con rústico y pánico sentimiento, por los caminos del agro y la égloga. Enfermo de individualismo y nietzschanismo, se sintió un superhombre. En Guillén la poesía peruana renegaba, un poco desgarbada pero oportuna y definitivamente, sus surtidores y sus fontanas.

Pertenecen a este momento de Guillén *Belleza humilde* y *Prometeo*. Pero es en *Deucalión* donde el poeta encuentra su equilibrio y realiza su personalidad. Clasifico *Deucalión* entre los libros que más alta y puramente representan la lírica peruana de la primera centuria. En *Deucalión* no hay un bardo que declama en un tinglado ni un trovador que canta una serenata. Hay un hombre que sufre, que exulta, que afirma, que duda y que niega. Un hombre henchido de pasión, de ansia, de anhelo. Un hombre, sediento de verdad, que sabe que «nuestro destino es hallar el camino que lleva al Paraíso». *Deucalión* es la canción de la partida.

¿Hacia dónde?
¡No importa! La vida esconde
mundos en germen
que aún falta descubrir:
Corazón, es hora de partir
hacia los mundos que duermen!

Este nuevo caballero andante no vela sus armas en ninguna venta. No tiene rocín ni escudero ni armadura. Camina desnudo y grave como el «Juan Bautista» de Rodin.

Ayer salí desnudo
a retar el Destino
el orgullo de escudo
y yelmo el de Mambrino

Pero la tensión de la vigilia de espera ha sido demasiado dura para sus nervios jóvenes. Y, luego, la primera aventura, como la de Don Quijote, ha sido desventurada y ridícula. El poeta, además, nos revela su flaqueza desde esta jornada. No está bastante loco para seguir la ruta de Don Quijote, insensible a las burlas del destino. Lleva acurrucado en su propia alma al maligno Sancho con sus refranes y sus sarcasmos. Su ilusión no es absoluta. Su locura no es cabal. Percibe el lado grotesco, el flanco cómico de su andanza. Y, por consiguiente, fatigado, vacilante, se detiene para interrogar a todas las esfinges y a todos los enigmas.

¿Para qué te das corazón,
para qué te das,
si no has de hallar tu ilusión
jamás?

Pero la duda, que roe el corazón del poeta, no puede aún prevalecer sobre su esperanza. El poema tiene mucha sed de infinito. Su ilusión está herida; pero todavía logra ser imperativa y perentoria. Este soneto resume entero el episodio:

A mitad del camino
pregunté, como Dante:
¿sabes tú mi destino,
mi ruta, caminante?

Como un eco un pollino
me respondió hilarante,
pero el buen peregrino
me señaló adelante;
luego se alzó en mí mismo
una voz de heroísmo
que me dijo: —¡Marchad!

Y yo arrojé mi duda
y, en mi mano, desnuda,
llevo mi voluntad!

No es tan fuerte siempre el caminante. El diablo lo tienta a cada paso. La duda, a pesar suyo, empieza a filtrarse sagazmente en su conciencia, emponzoñándola y aflojándola. Guillén conviene con el diablo en que «no sabemos si tiene razón Quijote o Panza». Mina su voluntad una filosofía relativista y escéptica. Su gesto se vuelve un poco inseguro y desconfiado. Entre la Nada y el Mito, su impulso vital lo conduce al Mito. Pero Guillén conoce ya su relatividad. La duda es estéril. La fe es fecunda. Solo por esto Guillén se decide por el camino de la fe. Su quijotismo ha perdido su candor y su pureza. Se ha tornado pragmatista. «Piensa que te conviene / no perder la esperanza.» Esperar, creer, es una cuestión de conveniencia y de comodidad. Nada importa que luego esta intuición se precise en términos más nobles: «Y, mejor, no razones, más valen ilusiones que la razón más fuerte».

Pero todavía el poeta recupera, de rato en rato, su divina locura. Todavía está encendida su alucinación. Todavía es capaz de expresarse con una pasión sobrehumana:

Igual que el viejo Pablo
fue postrado en el suelo,
me ha mordido el venablo
del infinito anhelo:
por eso, en lo que os hablo,
pongo el ansia del vuelo
yo he de ayudar al Diablo
a conquistar el Cielo.

Y, en este admirable soneto, grávido de emoción, religioso en su acento, el poeta formula su evangelio:

Desnuda el corazón
de toda vanidad
y pon tu voluntad
Donde esté tu ilusión;

opón tu puño, opón,
toda tu libertad
contra el viejo aluvión
de la Fatalidad;

y que tus pensamientos,
como los elementos
destrocen toda brida,

como se abre el grano
a pesar del gusano
y del lodo a la vida.

La raíz de esta poesía está a veces en Nietzsche, a veces en Rodó, a veces en Unamuno; pero la flor, la espiga, el grano, son de Guillén. No es posible discutirle ni contestarle su propiedad. El pensamiento y la forma se consustancian, se identifican totalmente en *Deucalión*. La forma es como el pensamiento, desnuda, plástica, tensa, urgente. Colérica y serena al mismo tiempo. (Una de las cosas que yo amo más en *Deucalión* es, precisamente, su prescindencia casi absoluta de decorado y de indumento; su voluntario y categórico renunciamiento a lo ornamental y a lo retórico.) *Deucalión*, es una diana. Es un orto. En *Deucalión* parte un hombre, mozo y puro todavía, en busca de Dios o a la conquista del mundo.

Mas, en su camino, Guillén se corrompe. Peca por vanidad y por soberbia. Olvida la meta ingenua de su juventud. Pierde su inocencia. El espectáculo y las emociones de la civilización urbana y cosmopolita enervan y relajan su voluntad. Su poesía se contagia del humor negativo y corrosivo de la literatura de Occidente. Guillén deviene socarrón, befardo, cínico, ácido. Y el pecado trae la expiación. Todo lo que es posterior a *Deucalión* es también inferior. Lo que le falta de intensidad humana le falta, igualmente, de significación artística. *El libro de las parábolas* y *La imitación de Nuestro Señor Yo* encierran muchos aciertos; pero son libros irremediablemente monótonos. Me hacen la impresión de productos de retorta. El escepticismo y el egotismo de Guillén destilan ahí, acompasadamente, una gota, otra gota. Tantas gotas, dan una página; tantas páginas y un prólogo, dan un libro.

El lado, el contorno de esta actitud de Guillén más interesante es su relativismo. Guillén se entretiene en negar la realidad del yo, del individuo. Pero su testimonio es recusable. Porque tal vez, Guillén razona según su experiencia personal: «Mi personalidad, como yo la soñé, como yo la entreví, no se ha realizado; luego la personalidad no existe».

En *La imitación de Nuestro Señor Yo*, el pensamiento de Guillén es pirandelliano. He aquí algunas pruebas:

«Él, ella, todos existen, pero en ti.» «Soy todos los hombres en mí.» «¿Mis contradicciones no son una prueba de que llevo en mí a muchos hombres?» «Mentira. Ellos no mueren: como nosotros que morimos en ellos.»

Estas líneas contienen algunas briznas de la filosofía del *Uno, ninguno, cien mil* de Pirandello.

No creo, sin embargo, que Guillén, si persevera por esta ruta, llegue a clasificarse entre los especímenes de la literatura humorista y cosmopolita de Occidente. Guillén, en el fondo, es un poeta un poco rural y franciscano. No toméis al pie de la letra sus blasfemias. Muy adentro del alma, guarda un poco de romanticismo de provincia. Su psicología tiene muchas raíces campesinas. Permanece, íntimamente, extraña al espíritu quintaesenciado de la urbe. Cuando se lee a Guillén se advierte, enseguida, que no consigue manejar con destreza el artificio.

El título del último libro de Guillén *Laureles* resume la segunda fase de su literatura y de su vida. Por conquistar estos y otros laureles, que él mismo secretamente desdeña, ha luchado, ha sufrido, ha peleado. El camino del laurel lo ha desviado del camino del cielo. En la adolescencia su ambición era más alta. ¿Se contenta ahora de algunos laureles municipales o académicos?

Yo coincido con Gabriel Alomar en acusar a Guillén de sofocar al poeta de *Deucalión* con sus propias manos. A Guillén lo pierde la impaciencia. Quiere laureles a toda costa. Pero los laureles no perduran. La gloria se construye con materiales menos efímeros. Y es para los que logran renunciar a sus falaces y ficticias anticipaciones. El deber del artista es no traicionar su destino. La impaciencia en Guillén se resuelve en abundancia. Y la abundancia es lo que más perjudica y disminuye el mérito de su obra que, en los últimos tiempos, aunque adopte en verso la moda vanguardista, se resiente de cansancio, de desgano y de repetición de sus primeros motivos.

XVI. Magda Portal

Magda Portal es ya otro valor-signo en el proceso de nuestra literatura. Con su advenimiento le ha nacido al Perú su primera poetisa. Porque hasta ahora habíamos tenido solo mujeres de letras, de las cuales una que otra con temperamento artístico o más específicamente literario. Pero no habíamos tenido propiamente una poetisa.

Conviene entenderse sobre el término. La poetisa es hasta cierto punto, en la historia de la civilización occidental, un fenómeno de nuestra época. Las épocas anteriores produjeron solo poesía masculina. La de las mujeres también lo era, pues se contentaba con ser una variación de sus temas líricos o de sus motivos filosóficos. La poesía que no tenía el signo del varón, no tenía tampoco el de la mujer —virgen, hembra, madre—. Era una poesía asexual. En nuestra época, las mujeres ponen al fin en su poesía su propia carne y su propio espíritu. La poetisa es ahora aquella que crea una poesía femenina. Y desde que la poesía de la mujer se ha emancipado y diferenciado espiritualmente de la del hombre, las poetisas tienen una alta categoría en el elenco de todas las literaturas. Su existencia es evidente e interesante a partir del momento en que ha empezado a ser distinta.

En la poesía de Hispanoamérica, dos mujeres, Gabriela Mistral y Juana de Ibarbourou, acaparan desde hace tiempo más atención que ningún otro poeta de su tiempo. Delmira Agustini tiene en su país y en América larga y noble descendencia. Al Perú ha traído su mensaje Blanca Luz Brum. No se trata de casos solitarios y excepcionales. Se trata de un vasto fenómeno, común a todas las literaturas. La poesía, un poco envejecida en el hombre, renace rejuvenecida en la mujer.

Un escritor de brillantes intuiciones, Félix del Valle, me decía un día, constatando la multiplicidad de poetisas de mérito en el mundo, que el cetro de la poesía había pasado a la mujer. Con su humorismo ingénito formulaba así su proposición: «La poesía deviene un oficio de mujeres». Ésta es sin duda una tesis extrema. Pero lo cierto es que la poesía que, en los poetas, tiende a una actitud nihilista, deportiva, escéptica, en las poetisas tiene frescas raíces y cándidas flores. Su acento acusa más élan vital, más fuerza biológica.

Magda Portal no es aún bastante conocida y apreciada en el Perú ni en Hispanoamérica. No ha publicado sino un libro de prosa: *El derecho de matar* (La Paz, 1926) y un libro de versos: *Una esperanza y el mar* (Lima, 1927). *El derecho de matar* nos presenta casi solo uno de sus lados: ese espíritu rebelde y ese mesianismo revolucionario que testimonian incontestablemente en nuestros días la sensibilidad histórica de un artista. Además, en la prosa de Magda Portal se encuentra siempre un jirón de su magnífico lirismo. «El poema de la cárcel», «La sonrisa de Cristo» y «Círculos violeta» —tres poemas de este volumen— tienen la caridad, la pasión y la ternura exaltada de Magda. Pero este libro no la caracteriza ni la define. *El derecho de matar*, título de gusto anarcoide y nihilista, en el cual no se reconoce el espíritu de Magda.

Magda es esencialmente lírica y humana. Su piedad se emparenta —dentro de la autónoma personalidad de uno y otro— con la piedad de Vallejo.

Así se nos presenta, en los versos de «Ánima absorta» y «*Una esperanza y el mar*». Y así es seguramente. No le sienta ningún gesto de decadentismo o paradojismo novecentistas.

En sus primeros versos Magda Portal es, casi siempre, la poetisa de la ternura. Y en algunos se reconoce precisamente su lirismo en su humanidad. Exenta de egolatría megalómana, de narcisismo romántico, Magda Portal nos dice: «Pequeña soy...!».

Pero, ni piedad, ni ternura solamente, en su poesía se encuentra todos los acentos de una mujer que vive apasionada y vehementemente, encendida de amor y de anhelo y atormentada de verdad y de esperanza.

Magda Portal ha escrito en el frontispicio de uno de sus libros estos pensamientos de Leonardo de Vinci: «El alma, primer manantial de la vida, se refleja en todo lo que crea». «La verdadera obra de arte es como un espejo en que se mira el alma del artista.» La fervorosa adhesión de Magda a estos principios de creación es un dato de un sentido del arte que su poesía nunca contradice y siempre ratifica.

En su poesía Magda nos da, ante todo, una límpida versión de sí misma. No se escamotea, no se mistifica, no se idealiza. Su poesía es su verdad. Magda no trabaja por ofrecernos una imagen aliñada de su alma en toilette de gala. En un libro suyo podemos entrar sin desconfianza, sin ceremonia, seguros de que no nos aguarda ningún simulacro, ninguna celada. El arte de esta honda y pura lírica, reduce al mínimo, casi a cero, la proporción de artificio que necesita para ser arte.

Esta es para mí la mejor prueba del alto valor de Magda. En esta época de decadencia de un orden social —y por consiguiente de un arte— el más imperativo deber del artista es la verdad. Las únicas obras que sobrevivirán a esta crisis, serán las que constituyan una confesión y un testimonio.

El perenne y oscuro contraste entre dos principios —el de vida y el de muerte— que rigen el mundo, está presente siempre en la poesía de Magda. En Magda se siente a la vez un anhelo angustiado de acabar y de no ser y un ansia de crear y de ser. El alma de Magda es un alma agónica. Y su arte traduce cabal e íntegramente las dos fuerzas que la desgarran y la impulsan. A veces triunfa el principio de vida; a veces triunfa el principio de muerte.

La presencia dramática de este conflicto da a la poesía de Magda Portal una profundidad metafísica a la que arriba libremente el espíritu, por la propia ruta de su lirismo, sin apoyarse en el bastón de ninguna filosofía.

También le da una profundidad psicológica que le permite registrar todas las contradictorias voces de su diálogo, de su combate, de su agonía.

La poetisa logra con una fuerza extraordinaria la expresión de sí misma en estos versos admirables:

Ven bésame!...
qué importa que algo oscuro
me esté royendo el alma
con sus dientes?

Yo soy tuya y tú eres mío... bésame!...
No lloro hoy... Me ahoga la alegría,
una extraña alegría
que yo no sé de dónde viene.

Tú eres mío... ¿Tú eres mío?...
Una puerta de hielo
hay entre tú y yo:
tu pensamiento!

Eso que te golpea en el cerebro
y cuyo martillar
me escapa...

Ven bésame... ¿Qué importa?...
Te llamó el corazón toda la noche,
y ahora que estás tú, tu carne y tu alma
qué he de fijarme en lo que has hecho ayer?... ¡Qué importa!

Ven, bésame... tus labios,
tus ojos y tus manos...

Luego... nada.
Y tu alma? Y tu alma!

Esta poetisa nuestra, a quien debemos saludar ya como a una de las primeras poetisas de Indoamérica, no desciende de la Ibarbourou. No desciende de la Agustini. No desciende siquiera de la Mistral, de quien, sin embargo, por cierta afinidad de acento, se le siente más próxima que de ninguna. Tiene un temperamento original y autónomo. Su secreto, su palabra, su fuerza, nacieron con ella y están en ella.

En su poesía hay más dolor que alegría, hay más sombra que claridad. Magda es triste. Su impulso vital la mueve hacia la luz y la fiesta. Y Magda se siente impotente para gozarlas. Éste es su drama. Pero no la amarga ni la enturbia.

En «Vidrios de amor», poema en dieciocho canciones emocionadas, toda Magda está en estos versos:

con cuántas lágrimas me forjaste?

he tenido tantas veces
la actitud de los árboles suicidas
en los caminos polvorientos y solos—

secretamente, sin que lo sepas
debe dolerte todo
por haberme hecho así, sin una dulzura
para mis ácidos dolores

de dónde vine yo con mi fiereza
para conformarme?
yo no conozco la alegría
carroussel de niñez que no he soñado nunca

ah! — y sin embargo
amo de tal manera la alegría

como amarán las amargas plantas
un fruto dulce

madre
receptora alerta
hoy no respondas porque te ahogarías
hoy no respondas a mi llanto
casi sin lágrimas

hundo mi angustia en mí para mirar
la rama izquierda de mi vida

que no haya puesto sino amor
al amasar el corazón de mi hija
quisiera defenderla de mí misma
como de una fiera
de estos ojos delatores
de esta voz desgarrada
Donde el insomnio hace cavernas

y para ella ser alegre, ingenua, niña
como si todas las campanas de alegría
sonaran en mi corazón su pascua eterna.

¿Toda Magda está en estos versos? Toda Magda, no. Magda no es solo madre, no es solo amor. ¿Quién sabe de cuántas oscuras potencias, de cuántas contrarias verdades está hecha un alma como la suya?

XVII. Las corrientes de hoy. El indigenismo

La corriente «indigenista» que caracteriza a la nueva literatura peruana, no debe su propagación presente ni su exageración posible a las causas eventuales o contingentes que determinan comúnmente una moda literaria. Y tiene una significación mucho más profunda. Basta observar su coincidencia visible y su consanguinidad íntima con una corriente ideológica y social que recluta cada día más adhesiones en la juventud, para comprender que el indigenismo literario traduce un estado de ánimo, un estado de conciencia del Perú nuevo.

Este indigenismo que está solo en un período de germinación —falta aún un poco para que dé sus flores y sus frutos— podría ser comparado —salvadas todas las diferencias de tiempo y de espacio— al «mujikismo» de la literatura rusa prerrevolucionaria. El «mujikismo» tuvo parentesco estrecho con la primera fase de la agitación social en la cual se preparó e incubó la revolución rusa. La literatura «mujikista» llenó una misión histórica. Constituyó un verdadero proceso del feudalismo ruso, del cual salió éste inapelablemente condenado. La socialización de la tierra, actuada por la revolución bolchevique, reconoce entre sus pródromos la novela y la poesía «mujikistas». Nada importa que al retratar al mujik —tampoco importa si deformándolo o idealizándolo— el poeta o el novelista ruso estuvieran muy lejos de pensar en la socialización.

De igual modo el «constructivismo» y el «futurismo» rusos, que se complacen en la representación de máquinas, rascacielos, aviones, usinas, etc., corresponden a una época en que el proletariado urbano, después de haber creado un régimen cuyos usufructuarios son hasta ahora los campesinos, trabaja por occidentalizar Rusia llevándola a un grado máximo de industrialismo y electrificación.

El «indigenismo» de nuestra literatura actual no está desconectado de los demás elementos nuevos de esta hora. Por el contrario, se encuentra articulado con ellos. El problema indígena, tan presente en la política, la economía y la sociología no puede estar ausente de la literatura y el arte. Se equivocan gravemente quienes, juzgándolo por la incipiencia o el oportunismo de pocos o muchos de sus corifeos, lo consideran, en conjunto, artificioso.

Tampoco cabe dudar de su vitalidad por el hecho de que hasta ahora no ha producido una obra maestra. La obra maestra no florece sino en un terreno largamente abonado por una anónima u oscura multitud de obras mediocres. El artista genial no es ordinariamente un principio sino una conclusión. Aparece, normalmente, como el resultado de una vasta experiencia.

Menos aún cabe alarmarse de episódicas exasperaciones ni de anecdóticas exageraciones. Ni unas ni otras encierran el secreto ni conducen la savia del hecho histórico. Toda afirmación necesita tocar sus límites extremos. Detenerse a especular sobre la anécdota es exponerse a quedar fuera de la historia.

Esta corriente, de otro lado, encuentra un estímulo en la asimilación por nuestra literatura de elementos de cosmopolitismo. Ya he señalado la tendencia autonomista y nativista del vanguardismo en América. En la nueva literatura argentina nadie se siente más porteño que Girondo y Borges ni más gaucho que Güiraldes. En cambio quienes como Larreta permanecen enfeudados al clasicismo español, se revelan radical y orgánicamente incapaces de interpretar a su pueblo.

Otro acicate, en fin, es en algunos el exotismo que, a medida que se acentúan los síntomas de decadencia de la civilización occidental, invade la literatura europea. A César Moro, a Jorge Seoane y a los demás artistas que últimamente han emigrado a París, se les pide allá temas nativos, motivos indígenas. Nuestra escultora Carmen Saco ha llevado en sus estatuas y dibujos de indios el más válido pasaporte de su arte.

Este último factor exterior es el que decide a cultivar el indigenismo aunque sea a su manera y solo episódicamente, a literatos que podríamos llamar «emigrados» como Ventura García Calderón, a quienes no se puede atribuir la misma artificiosa moda vanguardista ni el mismo contagio de los ideales de la nueva generación supuestos en los literatos jóvenes que trabajan en el país.

El criollismo no ha podido prosperar en nuestra literatura, como una corriente de espíritu nacionalista, ante todo porque el criollo no representa todavía la nacionalidad. Se constata, casi uniformemente, desde hace tiempo, que somos una nacionalidad en formación. Se percibe ahora, precisando ese concepto, la subsistencia de una dualidad de raza y de espíritu. En todo caso, se conviene, unánimemente, en que no hemos alcanzado aún un grado elemental siquiera de fusión de los elementos raciales que conviven en nuestro suelo y que componen nuestra población. El criollo no está netamente definido. Hasta ahora la palabra «criollo» no es casi más que un término que nos sirve para designar genéricamente una pluralidad, muy matizada, de mestizos. Nuestro criollo carece del carácter que encontramos, por ejemplo, en el criollo argentino. El argentino es identificable fácilmente en cualquier parte del mundo: el peruano, no. Esta confrontación, es precisamente la que nos evidencia que existe ya una nacionalidad argentina, mientras no existe todavía, con peculiares rasgos, una nacionalidad peruana. El criollo presenta aquí una serie de variedades. El costeño se diferencia fuertemente del serrano. En tanto que en la sierra la influencia telúrica indigeniza al mestizo, casi hasta su absorción por el espíritu indígena, en la costa el predominio colonial mantiene el espíritu heredado de España.

En el Uruguay, la literatura nativista, nacida como en la Argentina de la experiencia cosmopolita, ha sido criollista, porque ahí la población tiene la unidad que a la nuestra le falta. El nativismo, en el Uruguay, por otra parte, aparece como un fenómeno esencialmente literario. No tiene, como el indigenismo en el Perú, una subconsciente inspiración política y económica. Zum Felde, uno de sus suscitadores como crítico, declara que ha llegado ya la hora de su liquidación. «A la devoción imitativa de lo extranjero —escribe— había que oponer el sentimiento autonómico de lo nativo. Era un movimiento de emancipación literaria. La reacción se operó; la emancipación fue, luego, un hecho. Los tiempos estaban maduros para ello. Los poetas jóvenes volvieron sus ojos a la realidad nacional. Y, al volver a ella sus ojos, vieron aquello que, por contraste con lo europeo, era más genuinamente americano: lo gauchesco. Mas, cumplida ya su misión, el tradicionalismo debe a su vez pasar. Hora es ya de que pase, para dar lugar a un americanismo lírico más acorde con el imperativo de la vida. La sensibilidad de nuestros días se nutre ya de realidades, idealidades distintas. El ambiente platense ha dejado definitivamente de ser gaucho; y todo lo gauchesco —después de arrinconarse en los más huraños pagos— va pasando al culto silencioso de los museos. La vida rural del Uruguay está toda transformada en sus costumbres y en sus caracteres por el avance del cosmopolitismo urbano.»[79]

En el Perú, el criollismo, aparte de haber sido demasiado esporádico y superficial, ha estado nutrido de sentimiento colonial. No ha constituido una afirmación de autonomía. Se ha contentado con ser el sector costumbrista de la literatura colonial sobreviviente hasta hace muy poco. Abelardo Gamarra es, tal vez, la única excepción en este criollismo domesticado, sin orgullo nativo.

---

79   Estudio sobre el nativismo en *La Cruz del Sur* (Montevideo).

Nuestro «nativismo» —necesario también literariamente como revolución y como emancipación—, no puede ser simple «criollismo». El criollo peruano no ha acabado aún de emanciparse espiritualmente de España. Su europeización —a través de la cual debe encontrar, por reacción, su personalidad— no se ha cumplido sino en parte. Una vez europeizado, el criollo de hoy difícilmente deja de darse cuenta del drama del Perú. Es él precisamente el que, reconociéndose a sí mismo como un español bastardeado, siente que el indio debe ser el cimiento de la nacionalidad. (Valdelomar, criollo costeño, de regreso de Italia, impregnado de d'annunzianismo y de esnobismo, experimenta su máximo deslumbramiento cuando descubre o, más bien, imagina el Incario.) Mientras el criollo puro conserva generalmente su espíritu colonial, el criollo europeizado se rebela, en nuestro tiempo, contra ese espíritu, aunque solo sea como protesta contra su limitación y su arcaísmo.

Claro que el criollo, diverso y múltiple, puede abastecer abundantemente a nuestra literatura —narrativa, descriptiva, costumbrista, folklorista, etc.—, de tipos y motivos. Pero lo que subconscientemente busca la genuina corriente indigenista en el indio, no es solo el tipo o el motivo. Menos aún el tipo o el motivo pintoresco. El «indigenismo» no es aquí un fenómeno esencialmente literario como el «nativismo» en el Uruguay. Sus raíces se alimentan de otro humus histórico. Los «indigenistas» auténticos —que no deben ser confundidos con los que explotan temas indígenas por mero «exotismo»— colaboran, conscientemente o no, en una obra política y económica de reivindicación —no de restauración ni resurrección—.

El indio no representa únicamente un tipo, un tema, un motivo, un personaje. Representa un pueblo, una raza, una tradición, un espíritu. No es posible, pues, valorarlo y considerarlo, desde puntos de vista exclusivamente literarios, como un color o un aspecto nacional, colocándolo en el mismo plano que otros elementos étnicos del Perú.

A medida que se le estudia, se averigua que la corriente indigenista no depende de simples factores literarios sino de complejos factores sociales y económicos. Lo que da derecho al indio a prevalecer en la visión del peruano de hoy es, sobre todo, el conflicto y el contraste entre su predominio demográfico y su servidumbre —no solo inferioridad— social y económica. La presencia de tres a cuatro millones de hombres de la raza autóctona en el panorama mental de un pueblo de cinco millones, no debe sorprender a nadie en una época en que este pueblo siente la necesidad de encontrar el equilibrio que hasta ahora le ha faltado en su historia.

El indigenismo, en nuestra literatura, como se desprende de mis anteriores proposiciones, tiene fundamentalmente el sentido de una reivindicación de lo autóctono. No llena la función puramente sentimental que llenaría, por ejemplo, el criollismo. Habría error, por consiguiente, en apreciar el indigenismo como equivalente del criollismo, al cual no reemplaza ni subroga.

Si el indio ocupa el primer plano en la literatura y el arte peruanos no será, seguramente, por su interés literario o plástico, sino porque las fuerzas nuevas y el impulso vital de la nación tiende a reivindicarlo. El fenómeno es más instintivo y biológico que intelectual y teorético. Repito que lo que subconscientemente busca la genuina corriente indigenista en el indio no es solo el tipo o el motivo y menos aún el tipo o el motivo «pintoresco». Si esto no fuese cierto, es evidente que el «zambo», verbigratia, interesaría al literato o al artista criollo —en especial al criollo— tanto como el indio. Y esto no ocurre por varias razones. *Porque el carácter de esta corriente no es naturalista o costumbrista sino, más bien, lírico, como lo prueban los intentos o esbozos de poesía andina.* Y porque una reivindicación de lo autóctono no puede confundir al «zambo» o al mulato con el indio. El negro, el mulato, el «zambo» representan, en nuestro pasado, elementos coloniales. El español importó al negro cuando sintió su imposibilidad de sustituir al indio y su incapacidad de asimilarlo. El esclavo vino al Perú a servir los fines colonizadores de España. La raza negra constituye uno de los aluviones humanos depositados en la costa por el coloniaje. Es uno de los estratos, poco densos y fuertes, del Perú sedimentado en la tierra baja durante el Virreinato y la primera etapa de la República. Y, en este ciclo, todas las circunstancias han concurrido a mantener su solidaridad con la Colonia. El negro ha mirado siempre con hostilidad y desconfianza la sierra, donde no ha podido aclimatarse física ni espiritualmente. Cuando se ha mezclado al indio ha sido para bastardearlo comunicándole su domesticidad zalamera y su psicología exteriorizante y mórbida. Para su antiguo amo blanco ha guardado, después de su manumisión, un sentimiento de liberto adicto. La sociedad colonial, que hizo del negro un doméstico —muy pocas veces un artesano, un obrero— absorbió y asimiló a la raza negra, hasta intoxicarse con su sangre tropical y caliente. Tanto como impenetrable y huraño el indio, le fue asequible y doméstico el negro. Y nació así una subordinación cuya primera razón está en el origen mismo de la importación de esclavos y de la que solo redime al negro y al mulato la evolución social y económica que, convirtiéndolo en obrero, cancela y extirpa poco a poco la herencia espiritual del esclavo. El mulato, colonial aún en sus gustos, inconscientemente está por el hispanismo, contra el autoctonismo. Se siente espontáneamente más próximo de España que del Incario. Solo el socialismo, despertando en él conciencia clasista, es capaz de conducirlo a la ruptura definitiva con los últimos rezagos de espíritu colonial.

El desarrollo de la corriente indigenista no amenaza ni paraliza el de otros elementos vitales de nuestra literatura. El «indigenismo» no aspira indudablemente a acaparar la escena literaria. No excluye ni estorba otros impulsos ni otras manifestaciones. Pero representa el color y la tendencia más característicos de una época por su afinidad y coherencia con la orientación espiritual de las nuevas generaciones, condicionada, a su vez, por imperiosas necesidades de nuestro desarrollo económico y social.

Y la mayor injusticia en que podría incurrir un crítico, sería cualquier apresurada condena de la literatura indigenista por su falta de autoctonismo integral o la presencia, más o menos acusada en sus obras, de elementos de artificio en la interpretación y en la expresión. La literatura indigenista no puede darnos una versión rigurosamente verista del indio. Tiene que idealizarlo y estilizarlo. Tampoco puede darnos su propia ánima. Es todavía una literatura de mestizos. Por eso se llama indigenista y no indígena. Una literatura indígena, si debe venir, vendrá a su tiempo. Cuando los propios indios estén en grado de producirla.

No se puede equiparar, en fin, la actual corriente indigenista a la vieja corriente colonialista. El colonialismo, reflejo del sentimiento de la casta feudal, se entretenía en la idealización nostálgica del pasado. El indigenismo en cambio tiene raíces vivas en el presente. Extrae su inspiración de la protesta de millones de hombres. El Virreinato era; el indio es. Y mientras la liquidación de los residuos de feudalidad colonial se impone como una condición elemental de progreso, la reivindicación del indio, y por ende de su historia, nos viene insertada en el programa de una Revolución.

200

Está, pues, esclarecido que de la civilización incaica, más que lo que ha muerto nos preocupa lo que ha quedado. El problema de nuestro tiempo no está en saber cómo ha sido el Perú. Está, más bien, en saber cómo es el Perú. El pasado nos interesa en la medida en que puede servirnos para explicarnos el presente. Las generaciones constructivas sienten el pasado como una raíz, como una causa. Jamás lo sienten como un programa.

Lo único casi que sobrevive del Tawantinsuyo es el indio. La civilización ha perecido; no ha perecido la raza. El material biológico del Tawantinsuyo se revela, después de cuatro siglos, indestructible, y, en parte, inmutable.

El hombre muda con más lentitud de la que en este siglo de la velocidad se supone. La metamorfosis del hombre bate el récord en el evo moderno. Pero éste es un fenómeno peculiar de la civilización occidental que se caracteriza, ante todo, como una civilización dinámica. No es por un azar que a esta civilización le ha tocado averiguar la relatividad del tiempo. En las sociedades asiáticas —afines si no consanguíneas con la sociedad incaica—, se nota en cambio cierto quietismo y cierto éxtasis. Hay épocas en que parece que la historia se detiene. Y una misma forma social perdura, petrificada, muchos siglos. No es aventurada, por tanto, la hipótesis de que el indio en cuatro siglos ha cambiado poco espiritualmente. La servidumbre ha deprimido, sin duda, su psiquis y su carne. Le ha vuelto un poco más melancólico, un poco más nostálgico. Bajo el peso de estos cuatro siglos, el indio se ha encorvado moral y físicamente. Mas el fondo oscuro de su alma casi no ha mudado. En las sierras abruptas, en las quebradas lontanas, a donde no ha llegado la ley del blanco, el indio guarda aún su ley ancestral.

El libro de Enrique López Albújar, escritor de la generación radical, *Cuentos andinos*, es el primero que en nuestro tiempo explora estos caminos. Los *Cuentos andinos* aprehenden, en sus secos y duros dibujos, emociones sustantivas de la vida de la sierra, y nos presentan algunos escorzos del alma del indio. López Albújar coincide con Valcárcel en buscar en los Andes el origen del sentimiento cósmico de los quechuas. «Los tres jircas» de López Albújar y «Los hombres de piedra»[80] de Valcárcel traducen la misma mitología. Los agonistas y las escenas de López Albújar tienen el mismo telón de fondo que la teoría de las ideas de Valcárcel. Este resultado es singular-

---

80   Luis E. Valcárcel, *De la vida incaica*, Lima, 1925.

mente interesante porque es obtenido por diferentes temperamentos y con métodos disímiles. La literatura de López Albújar quiere ser, sobre todo, naturalista y analítica; la de Valcárcel, imaginativa y sintética. El rasgo esencial de López Albújar es su criticismo; el de Valcárcel, su lirismo. López Albújar mira al indio con ojos y alma de serrano. No hay parentesco espiritual entre los dos escritores; no hay semejanza de género ni de estilo entre los dos libros. Sin embargo, uno y otro escuchan en el alma del quechua idéntico lejano latido.[81]

La Conquista ha convertido formalmente al indio al catolicismo. Pero, en realidad, el indio no ha renegado sus viejos mitos. Su sentimiento místico ha variado. Su animismo subsiste. El indio sigue sin entender la metafísica católica. Su filosofía panteísta y materialista ha desposado, sin amor, al catecismo. Mas no ha renunciado a su propia concepción de la vida que no interroga a la Razón sino a la Naturaleza. Los tres «jircas», los tres cerros de

---

81 Una nota del libro de López Albújar que se acuerda con una nota del libro de Valcárcel, es la que nos habla de la nostalgia del indio. La melancolía del indio, según Valcárcel, no es sino nostalgia. Nostalgia del hombre arrancado al agro y al hogar por las empresas bélicas o pacíficas del Estado. En «Ushanam Jampi» la nostalgia pierde al protagonista. Conce Maille es condenado al exilio por la justicia de los ancianos de Chupán. Pero el deseo de sentirse bajo su techo es más fuerte que el instinto de conservación. Y lo impulsa a volver furtivamente a su choza, a sabiendas de que en el pueblo lo aguarda tal vez la última pena. Esta nostalgia nos define el espíritu del pueblo del Sol como el de un pueblo agricultor sedentario. No son ni han sido los quechuas, aventureros ni vagabundos. Quizá por esto ha sido y es tan poco aventurera y tan poco vagabunda su imaginación. Quizá por esto, el indio objetiva su metafísica en la naturaleza que lo circunda. Quizá por esto, los jircas, o sea los dioses lares del terruño, gobiernan su vida. El indio no podía ser monoteísta.
Desde hace cuatro siglos las causas de la nostalgia indígena no han cesado de multiplicarse. El indio ha sido frecuentemente un emigrado. Y, como en cuatro siglos no ha podido aprender a vivir nómadamente, porque cuatro siglos son muy poca cosa, su nostalgia ha adquirido ese acento de desesperanza incurable con que gimen las quenas.
López Albújar se asoma con penetrante mirada al hondo abismo del alma del quechua. Y escribe en su divagación sobre la coca: «El indio, sin saberlo, es schopenhauerista. Schopenhauer y el indio tienen un punto de contacto, con esta diferencia: que el pesimismo del filósofo es teoría y vanidad y el pesimismo del indio, experiencia y desdén. Si para uno la vida es un mal; para el otro no es ni mal ni bien, es una triste realidad, y tiene la profunda sabiduría de tomarla como es». Unamuno encuentra certero este juicio. También él cree que el escepticismo del indio es experiencia y desdén. Pero el historiador y el sociólogo pueden percibir otras cosas que el filósofo y el literato tal vez desdeñan. ¿No es este escepticismo, en parte, un rasgo de la psicología asiática? El chino, como el indio, es materialista y escéptico. Y, como en el Tawantinsuyo, en la China, la religión es un código de moral práctica más que una concepción metafísica.

Huánuco, pesan en la conciencia del indio huanuqueño más que el ultratumba cristiano.

«Los tres jircas» y «Cómo habla la coca» son, a mi juicio, las páginas mejor escritas de *Cuentos andinos*. Pero ni «Los tres jircas» ni «Cómo habla la coca» se clasifican propiamente como cuentos. «Ushanam Jampi», en cambio, tiene una vigorosa contextura de relato. Y a este mérito une «Ushanam Jampi» el de ser un precioso documento del comunismo indígena. Este relato nos entera de la forma como funciona en los pueblecitos indígenas, a donde no arriba casi la ley de la República, la justicia popular. Nos encontramos aquí ante una institución que declara categóricamente a favor de la tesis de que la organización incaica fue una organización comunista.

En un régimen de tipo individualista, la administración de justicia se burocratiza. Es función de un magistrado. El liberalismo, por ejemplo, la atomiza, la individualiza en el juez profesional. Crea una casta, una burocracia de jueces de diversas jerarquías. Por el contrario, en un régimen de tipo comunista, la administración de justicia es función de la sociedad entera. Es, como en el comunismo indio, función de los yayas, de los ancianos.[82]

El porvenir de la América Latina depende, según la mayoría de los pronósticos de ahora, de la suerte del mestizaje. Al pesimismo hostil de los sociólogos de la tendencia de Le Bon sobre el mestizo, ha sucedido un

---

82 El prologuista de *Cuentos andinos*, señor Ezequiel Ayllón, explica así la justicia popular indígena: «La ley sustantiva, consuetudinaria, conservada desde la más oscura antigüedad, establece dos sustitutivos penales que tienden a la reintegración social del delincuente, y dos penas propiamente dichas contra el homicidio y el robo, que son los delitos de trascendencia social. El Yachishum o Yachachishum se reduce a amonestar al delincuente haciéndole comprender los inconvenientes del delito y las ventajas del respeto recíproco. El Alliyáchishum tiende a evitar la venganza personal, reconciliando al delincuente con el agraviado o sus deudos, por no haber surtido efecto morigerador el Yachishum. Aplicados los dos sustitutivos cuya categoría o trascendencia no son extraños a los medios que preconizan con ese carácter los penalistas de la moderna escuela positiva, procede la pena de confinamiento o destierro llamada Jitarishum, que tiene las proyecciones de una expatriación definitiva. Es la ablación del elemento enfermo, que constituye una amenaza para la seguridad de las personas y de los bienes. Por último, si el amonestado, reconciliado y expulsado, roba o mata nuevamente dentro de la jurisdicción distrital, se le aplica la pena extrema, irremisible, denominada Ushanam Jampi, el último remedio, que es la muerte, casi siempre, a palos, el descuartizamiento del cadáver y su desaparición en el fondo de los ríos, de los despeñaderos, o sirviendo de pasto a los perros y a las aves de rapiña. El derecho procesal se desenvuelve públicamente y oralmente, en una sola audiencia, y comprende la acusación, defensa, prueba, sentencia y ejecución».

optimismo mesiánico que pone en el mestizo la esperanza del continente. El trópico y el mestizo son, en la vehemente profecía de Vasconcelos, la escena y el protagonista de una nueva civilización. Pero la tesis de Vasconcelos que esboza una utopía —en la acepción positiva y filosófica de esta palabra— en la misma medida en que aspira a predecir el porvenir, suprime e ignora el presente. Nada es más extraño a su especulación y a su intento, que la crítica de la realidad contemporánea, en la cual busca exclusivamente los elementos favorables a su profecía.

El mestizaje que Vasconcelos exalta no es precisamente la mezcla de las razas española, indígena y africana, operada ya en el continente, sino la fusión y refusión acrisoladoras, de las cuales nacerá, después de un trabajo secular, la raza cósmica. El mestizo actual, concreto, no es para Vasconcelos el tipo de una nueva raza, de una nueva cultura, sino apenas su promesa. La especulación del filósofo, del utopista, no conoce límites de tiempo ni de espacio. Los siglos no cuentan en su construcción ideal más que como momentos. La labor del crítico, del historiógrafo, del político, es de otra índole. Tiene que atenerse a resultados inmediatos y contentarse con perspectivas próximas.

El mestizo real de la historia, no el ideal de la profecía, constituye el objeto de su investigación o el factor de su plan. En el Perú, por la impronta diferente del medio y por la combinación múltiple de las razas entrecruzadas, el término mestizo no tiene siempre la misma significación. El mestizaje es un fenómeno que ha producido una variedad compleja, en vez de resolver una dualidad, la del español y el indio.

El doctor Uriel García halla el neoindio en el mestizo. Pero este mestizo es el que proviene de la mezcla de las razas española e indígena, sujeta al influjo del medio y la vida andinos. El medio serrano en el cual sitúa el doctor Uriel García su investigación, se ha asimilado al blanco invasor. Del brazo de las dos razas, ha nacido el nuevo indio, fuertemente influido por la tradición y el ambiente regionales.

Este mestizo, que en el proceso de varias generaciones, y bajo la presión constante del mismo medio telúrico y cultural, ha adquirido ya rasgos estables, no es el mestizo engendrado en la costa por las mismas razas. El sello de la costa es más blando. El factor español, más activo.

El chino y el negro complican el mestizaje costeño. Ninguno de estos dos elementos han aportado aún a la formación de la nacionalidad valores culturales ni energías progresivas. El coolí chino es un ser segregado de su país por la superpoblación y el pauperismo. Injerta en el Perú su raza, mas no su cultura. La inmigración china no nos ha traído ninguno de los elementos esenciales de la civilización china, acaso porque en su propia patria han perdido su poder dinámico y generador. Lao Tsé y Confucio han arribado a nuestro conocimiento por la vía de Occidente. La medicina china es quizá la única importación directa de Oriente, de orden intelectual, y debe, sin duda, su venida, a razones prácticas y mecánicas, estimuladas por el atraso de una población en la cual conserva hondo arraigo el curanderismo en todas sus manifestaciones. La habilidad y excelencia del pequeño agricultor chino, apenas si han fructificado en los valles de Lima, donde la vecindad de un mercado importante ofrece seguros provechos a la horticultura. El chino, en cambio, parece haber inoculado en su descendencia, el fatalismo, la apatía, las taras del Oriente decrépito. El juego, esto es un elemento de relajamiento e inmoralidad, singularmente nocivo en un pueblo propenso a confiar más en el azar que en el esfuerzo, recibe su mayor impulso de la inmigración china. Solo a partir del movimiento nacionalista —que tan extensa resonancia ha encontrado entre los chinos expatriados del continente—, la colonia china ha dado señales activas de interés cultural e impulsos progresistas. El teatro chino, reservado casi únicamente al divertimiento nocturno de los individuos de esa nacionalidad, no ha conseguido en nuestra literatura más eco que el propiciado efímeramente por los gustos exóticos y artificiales del decadentismo. Valdelomar y los «colónidas», lo descubrieron entre sus sesiones de opio, contagiados del orientalismo de Loti y Farrère. El chino, en suma, no transfiere al mestizo ni su disciplina moral, ni su tradición cultural y filosófica, ni su habilidad de agricultor y artesano. Un idioma inasequible, la calidad del inmigrante y el desprecio hereditario que por él siente el criollo, se interponen entre su cultura y el medio.

El aporte del negro, venido como esclavo, casi como mercadería, aparece más nulo y negativo aún. El negro trajo su sensualidad, su superstición, su primitivismo. No estaba en condiciones de contribuir a la creación de una cultura, sino más bien de estorbarla con el crudo y viviente influjo de su barbarie.

El prejuicio de las razas ha decaído; pero la noción de las diferencias y desigualdades en la evolución de los pueblos se han ensanchado y enriquecido, en virtud del progreso de la sociología y la historia. La inferioridad de las razas de color no es ya uno de los dogmas de que se alimenta el maltrecho orgullo blanco. Pero todo el relativismo de la hora no es bastante para abolir la inferioridad de cultura.

La raza es apenas uno de los elementos que determinan la forma de una sociedad. Entre estos elementos, Vilfredo Pareto distingue las siguientes categorías: «1.º El suelo, el clima, la flora, la fauna, las circunstancias geológicas, mineralógicas, etc.; 2.º Otros elementos externos a una dada sociedad, en un dado tiempo, esto es las acciones de las otras sociedades sobre ella, que son externas en el espacio, y las consecuencias del estado anterior de esa sociedad, que son externas en el tiempo; 3.º Elementos internos, entre los cuales los principios son la raza, los residuos o sea los sentimientos que manifiestan, las inclinaciones, los intereses, las aptitudes al razonamiento, a la observación, el estado de los conocimientos, etc.». Pareto afirma que la forma de la sociedad es determinada por todos los elementos que operan sobre ella que, una vez determinada, opera a su vez sobre esos elementos, de manera que se puede decir que se efectúa una mutua determinación.[83]

Lo que importa, por consiguiente, en el estudio sociológico de los estratos indio y mestizo, no es la medida en que el mestizo hereda las cualidades o los defectos de las razas progenitoras sino su aptitud para evolucionar, con más facilidad que el indio, hacia el estado social, o el tipo de civilización del blanco. El mestizaje necesita ser analizado, no como cuestión étnica, sino como cuestión sociológica. El problema étnico en cuya consideración se han complacido sociologistas rudimentarios y especuladores ignorantes, es totalmente ficticio y supuesto. Asume una importancia desmesurada para los que, ciñendo servilmente su juicio a una idea acariciada por la civilización europea en su apogeo —y abandonada ya por esta misma civilización, propensa en su declive a una concepción relativista de la historia—, atribuyen las creaciones de la sociedad occidental a la superioridad de la raza blan-

---

83   Vilfredo Pareto, *Trattato di sociologia generale*, tomo III, pág. 265.

ca. Las aptitudes intelectuales y técnicas, la voluntad creadora, la disciplina moral de los pueblos blancos, se reducen, en el criterio simplista de los que aconsejan la regeneración del indio por el cruzamiento, a meras condiciones zoológicas de la raza blanca.

Pero si la cuestión racial —cuyas sugestiones conducen a sus superficiales críticos a inverosímiles razonamientos zootécnicos— es artificial, y no merece la atención de quienes estudian concreta y políticamente el problema indígena, otra es la índole de la cuestión sociológica. El mestizaje descubre en este terreno sus verdaderos conflictos; su íntimo drama. El color de la piel se borra como contraste; pero las costumbres, los sentimientos, los mitos —los elementos espirituales y formales de esos fenómenos que se designan con los términos de sociedad y de cultura— reivindican sus derechos. El mestizaje —dentro de las condiciones económico-sociales subsistentes entre nosotros—, no solo produce un nuevo tipo humano y étnico sino un nuevo tipo social; y si la imprecisión de aquél, por una abigarrada combinación de razas, no importa en sí misma una inferioridad, y hasta puede anunciar, en ciertos ejemplares felices, los rasgos de la raza «cósmica», la imprecisión o hibridismo del tipo social, se traduce, por un oscuro predominio de sedimentos negativos, en una estagnación sórdida y morbosa. Los aportes del negro y del chino se dejan sentir, en este mestizaje, en un sentido casi siempre negativo y desorbitado. En el mestizo no se prolonga la tradición del blanco ni del indio: ambas se esterilizan y contrastan. Dentro de un ambiente urbano, industrial, dinámico, el mestizo salva rápidamente las distancias que lo separan del blanco, hasta asimilarse la cultura occidental, con sus costumbres, impulsos y consecuencias. Puede escaparle —le escapa generalmente— el complejo fondo de creencias, mitos y sentimientos, que se agita bajo las creaciones materiales e intelectuales de la civilización europea o blanca; pero la mecánica y la disciplina de ésta le imponen automáticamente sus hábitos y sus concepciones. En contacto con una civilización maquinista, asombrosamente dotada para el dominio de la naturaleza, la idea del progreso, por ejemplo, es de un irresistible poder de contagio o seducción. Pero este proceso de asimilación o incorporación se cumple prontamente solo en un medio en el cual actúan vigorosamente las energías de la cultura industrial. En el latifundio feudal, en el burgo retardado, el mestizaje carece de elementos de ascensión. En su sopor extenuante, se anulan las virtudes y los valores de las razas entremezcladas; y, en cambio, se imponen prepotentes las más enervantes supersticiones.

Para el hombre del poblacho mestizo —tan sombríamente descrito por Valcárcel con una pasión no exenta de preocupaciones sociológicas— la civilización occidental constituye un confuso espectáculo, no un sentimiento. Todo lo que en esta civilización es íntimo, esencial, intransferible, energético, permanece ajeno a su ambiente vital. Algunas imitaciones externas, algunos hábitos subsidiarios, pueden dar la impresión de que este hombre se mueve dentro de la órbita de la civilización moderna. Mas, la verdad es otra.

Desde este punto de vista, el indio, en su medio nativo, mientras la emigración no lo desarraiga ni deforma, no tiene nada que envidiar al mestizo. Es evidente que no está incorporado aún en esta civilización expansiva, dinámica, que aspira a la universalidad. Pero no ha roto con su pasado. Su proceso histórico está detenido, paralizado, mas no ha perdido, por esto, su individualidad. El indio tiene una existencia social que conserva sus costumbres, su sentimiento de la vida, su actitud ante el universo. Los «residuos» y las derivaciones de que nos habla la sociología de Pareto, que continúan obrando sobre él, son los de su propia historia. La vida del indio tiene estilo. A pesar de la conquista, del latifundio, del gamonal, el indio de la sierra se mueve todavía, en cierta medida, dentro de su propia tradición. El «ayllu» es un tipo social bien arraigado en el medio y la raza.[84]

El indio sigue viviendo su antigua vida rural. Guarda hasta hoy su traje, sus costumbres, sus industrias típicas. Bajo el más duro feudalismo, los rasgos de la agrupación social indígena no han llegado a extinguirse. La sociedad indígena puede mostrarse más o menos primitiva o retardada; pero es un tipo orgánico de sociedad y de cultura. Y ya la experiencia de los pueblos de Oriente, el Japón, Turquía, la misma China, nos han probado cómo una

---

84 Los estudios de Hildebrando Castro Pozo, sobre la «comunidad indígena», consignan a este respecto datos de extraordinario interés, que he citado ya en otra parte. Estos datos coinciden absolutamente con la sustancia de las aserciones de Valcárcel en Tempestad en los Andes, a las cuales, si no estuvieran confirmadas por investigaciones objetivas, se podría suponer excesivamente optimistas y apologéticas. Además, cualquiera puede comprobar la unidad, el estilo, el carácter de la vida indígena. Y sociológicamente la persistencia en la comunidad de los que Sorel llama «elementos espirituales del trabajo», es de un valor capital.

sociedad autóctona, aun después de un largo colapso, puede encontrar por sus propios pasos, y en muy poco tiempo, la vía de la civilización moderna y traducir, a su propia lengua, las lecciones de los pueblos de Occidente.

XVIII. Alcides Spelucín

En el primer libro de Alcides Spelucín están, entre otras, las poesías que me leyó hace nueve años cuando nos conocimos en Lima en la redacción del diario donde yo trabajaba. Abraham Valdelomar medió fraternalmente en este encuentro, después del cual Alcides y yo nos hemos reencontrado pocas veces, pero hemos estado cada día más próximos. Nuestros destinos tienen una esencial analogía dentro de su disimilitud formal. Procedemos él y yo, más que de la misma generación, del mismo tiempo. Nacimos bajo idéntico signo. Nos nutrimos en nuestra adolescencia literaria de las mismas cosas: decadentismo, modernismo, estetismo, individualismo, escepticismo. Coincidimos más tarde en el doloroso y angustiado trabajo de superar estas cosas y evadirnos de su mórbido ámbito. Partimos al extranjero en busca no del secreto de los otros sino en busca del secreto de nosotros mismos. Yo cuento mi viaje en un libro de política; Spelucín cuenta el suyo en un libro de poesía. Pero en esto no hay sino diferencia de aptitud o, si se quiere, de temperamento; no hay diferencia de peripecia ni de espíritu. Los dos nos embarcamos en la «barca de oro en pos de una isla buena». Los dos en la procelosa aventura, hemos encontrado a Dios y hemos descubierto a la humanidad. Alcides y yo, puestos a elegir entre el pasado y el porvenir, hemos votado por el porvenir. Supérstites dispersos de una escaramuza literaria, nos sentimos hoy combatientes de una batalla histórica.

El libro de la nave dorada es una estación del viaje y del espíritu de Alcides Spelucín. Orrego advierte de esto al lector, en el prefacio, henchido de emoción, grávido de pensamiento, que ha escrito para este libro. «No representa —escribe— la actualidad estética del creador. Es un libro de la adolescencia, la labor poética primigenia, que apenas rompe el claustro de la anónima intimidad. El poeta ha recorrido desde entonces mucho camino ascendente y gozoso; también mucha senda dolorosa. El espíritu está hoy más granado, la visión más luminosa, el vehículo expresivo más rico, más agilizado y más potente; el pensamiento más deslumbrado de sabiduría;

más extenso de panorama; más valorizado por el acumulamiento de intuiciones; el corazón más religioso, más estremecido y más abierto hacia el mundo. Es preciso marcar esto para que el lector se dé cuenta de la penosa precocidad del poeta que cuando escribe este libro es casi un niño.»[85] Como canción del mar, como balada del trópico, este libro es en la poesía de América algo así como una encantada prolongación de la «Sinfonía en Gris Mayor». La poesía de Alcides tiene en esta jornada ecos melodiosos de la música rubendariana. Se nota también su posterioridad a las adquisiciones hechas por la lírica hispanoamericana en la obra de Herrera y Reissig. La huella del poeta uruguayo está espléndidamente viva en versos como éstos:

Y ante un despertamiento planetario de nardos
bramando lilas tristes por la ruta de oriente
se van los vesperales, divinos leopardos.

(«Caracol bermejo».)

Pero esta presencia de Herrera y Reissig y la del propio Rubén Darío no es sensible sino en la técnica, en la forma, en la estética. Spelucín tiene del decadentismo la expresión; pero no tiene el espíritu. Sus estados de alma no son nunca mórbidos. Una de las cosas que atraen en él es su salud cabal. Alcides ha absorbido muchos de los venenos de su época, pero su recia alma, un poco rústica en el fondo, se ha conservado pura y sana. Así, está más viviente y personal en esta plegaria de acendrado lirismo.

¿No me darás la arcilla de la cantera rosa
Donde labrar mi base para gustar Amor?
¿No me darás un poco de tierra melodiosa
Donde plasmar la fiebre de mi ensueño, Señor?

Alcides se asemeja a Vallejo en la piedad humana, en la ternura humilde, en la efusión cordial. En una época que era aún de egolatrismo exasperado y bizantinismo d'annunziano, la poesía de Alcides tiene un perfume de pa-

---

85 *El libro de la nave dorada*, Trujillo, Ediciones de El Norte (1926).

rábola franciscana. Su alma se caracteriza por un cristianismo espontáneo y sustancial. Su acento parece ser siempre el de esta otra plegaria con sabor de espiga y de angelus como algunos versos de Francis Jammes:

Por esta dulce hermana menor de ojos tan suaves...

Esta claridad, esta inocencia de Alcides, son perceptibles hasta en esas «aguas fuertes» de estirpe un poco bodeleriana, que, asumiendo íntegra la responsabilidad de su poesía de juventud, ha incluido en *El libro de la nave dorada*. Y son tal vez la raíz de su socialismo que es un acto de amor más que de protesta.

XIX. Balance provisorio

No he tenido en esta sumarísima revisión de valores-signo el propósito de hacer historia ni crónica. No he tenido siquiera el propósito de hacer crítica, dentro del concepto que limita la crítica al campo de la técnica literaria. Me he propuesto esbozar los lineamientos o los rasgos esenciales de nuestra literatura. He realizado un ensayo de interpretación de su espíritu; no de revisión de sus valores ni de sus episodios. Mi trabajo pretende ser una teoría o una tesis y no un análisis.

Esto explicará la prescindencia deliberada de algunas obras que, con incontestable derecho a ser citadas y tratadas en la crónica y en la crítica de nuestra literatura, carecen de significación esencial en su proceso mismo. Esta significación, en todas las literaturas, la dan dos cosas: el extraordinario valor intrínseco de la obra o el valor histórico de su influencia. El artista perdura realmente, en el espíritu de una literatura, o por su obra o por su descendencia. De otro modo, perdura solo en sus bibliotecas y en su cronología. Y entonces puede tener mucho interés para la especulación de eruditos y bibliógrafos; pero no tiene casi ningún interés para una interpretación del sentido profundo de una literatura.

El estudio de la última generación, que constituye un fenómeno en pleno movimiento, en actual desarrollo, no puede aún ser efectuado con este mismo carácter de balance.[86] Precisamente en nombre del revisionismo de los nuevos se instaura el proceso de la literatura nacional. En este proceso como es lógico, se juzga el pasado; no se juzga el presente. Solo sobre el pasado puede decir ya esta generación su última palabra. Los nuevos, que pertenecen más al porvenir que al presente, son en este proceso jueces, fiscales, abogados, testigos. Todo, menos acusados. Sería prematuro y precario, por otra parte, un cuadro de valores que pretendiese fijar lo que existe en potencia o en crecimiento.

La nueva generación señala ante todo la decadencia definitiva del «colonialismo». El prestigio espiritual y sentimental del Virreinato, celosa e interesadamente cultivado por sus herederos y su clientela, tramonta para siempre con esta generación. Este fenómeno literario e ideológico se presenta, naturalmente, como una faz de un fenómeno mucho más vasto. La generación de Riva Agüero realizó, en la política y en la literatura, la última tentativa para salvar la Colonia. Mas, como es demasiado evidente, el llamado «futurismo», que no fue sino un neocivilismo, está liquidado política y literariamente, por la fuga, la abdicación y la dispersión de sus corifeos.

En la historia de nuestra literatura, la Colonia termina ahora. El Perú, hasta esta generación, no se había aún independizado de la metrópoli. Algunos escritores, habían sembrado ya los gérmenes de otras influencias. González Prada, hace cuarenta años, desde la tribuna del Ateneo, invitando a la juventud intelectual de entonces a la revuelta contra España, se definió como el precursor de un período de influencias cosmopolitas. En este siglo el modernismo rubendariano nos aportó, atenuado y contrastado por el colonialismo de la generación «futurista», algunos elementos de renovación estilística que afrancesaron un poco el tono de nuestra literatura. Y, luego, la insurrección *Colónida* amotinó contra el academicismo español —solemne pero precariamente restaurado en Lima con la instalación de una Academia correspondiente—, a la generación de 1915, la primera que escuchó de veras la ya vieja admonición de González Prada. Pero todavía duraba lo fundamental del colonialismo: el prestigio intelectual y sentimental del Virreinato. Había decaído la antigua forma; pero no había decaído igualmente el antiguo espíritu.

---

86 Reconozco, además, la ausencia en este ensayo de algunos contemporáneos mayores, cuya obra debe aún ser estimada más o menos susceptible de evolución o continuación. Mi estudio, lo repito, no está concluido.

Hoy la ruptura es sustancial, El «indigenismo», como hemos visto, está extirpando, poco a poco, desde sus raíces, al «colonialismo». Y este impulso no procede exclusivamente de la sierra. Valdelomar, Falcón, criollos, costeños, se cuentan —no discutamos el acierto de sus tentativas— entre los que primero han vuelto sus ojos a la raza. Nos vienen, de fuera, al mismo tiempo, variadas influencias internacionales. Nuestra literatura ha entrado en su período de cosmopolitismo. En Lima, este cosmopolitismo se traduce, en la imitación entre otras cosas de no pocos corrosivos decadentismos occidentales y en la adopción de anárquicas modas finiseculares. Pero, bajo este influjo precario, un nuevo sentimiento, una nueva revelación se anuncia. Por los caminos universales, ecuménicos, nos vamos acercando cada vez más a nosotros mismos.

Seis ensayos en busca de nuestra expresión, por Pedro Henríquez Ureña[87]

Diversos signos anuncian la liquidación inminente de la demagogia superamericanista, de la declamación ultraísta, en que han coincidido en nuestra América el mesianismo de algunos reformadores políticos y sociales improvisados en las jornadas de la insurrección universitaria y el futurismo de otros tantos poetas, provincianamente persuadidos de la originalidad y criolledad de sus mediocrísimas rapsodias de los «ismos» europeos. Esta liquidación nos exonerará del tributo de uno que otro tácito «maestro de la juventud», de gestos y palabras estrictamente entonados a la más confusa exaltación postbélica; pero nos conducirá, en cambio, a una estimación exacta, a una ponderación útil de los hombres que verdaderamente ejercen en Latino América una función crítica y docente. Pedro Henríquez Ureña, el autor de estos *Seis ensayos en busca de nuestra expresión* que quiero señalar hoy a la atención de mis lectores, es sin duda uno de los escritores que con más sentido de responsabilidad y mayores dotes de talento y cultura cumplen esa función.

En Henríquez Ureña se combinan la disciplina y la mesura del crítico estudioso y erudito con la inquietud y la compresión del animador que, exento de toda ambición directiva, alienta la esperanza y las tentativas de las generaciones jóvenes. Henríquez Ureña sabe todo lo que valen el aprendizaje escrupuloso, la investigación atenta, los instrumentos y métodos de trabajo de una cultura acendrada; pero aprecia, igualmente, el valor creativo y dinámico del impulso juvenil, de la protesta antiacadémica y de la afirmación beligerante. Su simpatía y su adhesión acompañan a las vanguardias en la voluntad de superación y en el esfuerzo constructivo. De ninguna crítica me parece tan necesitada la actividad literaria de estos países como de la que Pedro Henríquez Ureña representa con tanto estilo individual.

En su nuevo libro, que agrega un título más a la selectísima biblioteca argentina dirigida por Samuel Glusberg, Henríquez Ureña reúne trabajos dispersos —artículos, conferencias, prólogos— que no obedecen en parte a la intención central de la obra.

---

87   *Mundial*, Lima, 28 de junio de 1929; OC, v. 12, págs. 73-78; MT, tomo I, págs. 460-462.

Los ensayos «Hacia el nuevo teatro» y «Veinte años de la literatura en los Estados Unidos», excelentes como panorama de uno y otro tópico, podían formar parte de otro libro. No diré que son ajenos al espíritu mismo de estas meditaciones «en busca de nuestra expresión», pero sí que pertenecen con más propiedad a otro grupo de ensayos del autor. Han sido incluidos en estos «seis ensayos» por la dificultad editorial acusadora de nuestra pobreza de organizar en volúmenes autónomos la investigación de un ensayista como Henríquez Ureña.

Los dos primeros ensayos: «El descontento y la promesa: en busca de nuestra expresión» y «Caminos de nuestra historia literaria», contienen lo más esencial del libro. En esos dos nutridos y sólidos escritos, Henríquez Ureña logra un planteamiento de los problemas de nuestra literatura y de su orientación, mucho más eficaz y hondo que el que embrollada o vagamente esbozan, sin tan precisos resultados, enteros volúmenes de historiografía y crítica literaria. Las conclusiones de Henríquez Ureña son, como todas, susceptibles en muchos puntos de desarrollo y rectificación; pero revelan algo que no es frecuente en nuestra crítica: un criterio superior y seguro. Henríquez Ureña tiene las cualidades del humanista moderno, del crítico auténtico. Sus juicios no son nunca los del impresionista ni los del escolástico. La consistencia de su criterio literario, no es asequible sino al estudioso que al don innato del buen gusto une ese rumbo seguro, esa noción integral que confieren una educación y un espíritu filosóficos. Henríquez Ureña confirma y suscribe el principio de que la crítica literaria no es una cuestión de técnica o gusto, y de que será siempre ejercida, subsidiaria y superficialmente, por quien carezca de una concepción filosófica e histórica. El hedonismo tanto como el eruditismo y el preceptivismo, están definitivamente relegados a una condición inferior en la crítica. No es posible el crítico sin tecnicismo y sin sensibilidad específicamente literarios, pero se clasificará invariablemente en una categoría secundaria al crítico que con la ciencia y el gusto no posea un sentido de la historia y del universo, una *weltanschauung*.[88]

Henríquez Ureña reacciona contra el superamericanismo de los que nos aconsejan cierta clausura o, por lo menos, cierta resistencia a lo europeo, con mística confianza en el juego exclusivo y excluyente de nuestras ener-

---

88 Concepción del mundo (N. de OC).

gías criollas y autóctonas. «Todo aislamiento es ilusorio remarca el autor de *Seis ensayos en busca de nuestra expresión*. La historia de la organización espiritual de nuestra América, después de la emancipación política, nos dirá que nuestros propios orientadores fueron, en momento oportuno, europeizantes: Andrés Bello, que desde Londres lanzó la declaración de nuestra independencia literaria, fue motejado de europeizante por los proscriptos argentinos veinte años después, cuando organizaba la cultura chilena; y los más violentos censores de Bello, de regreso en su patria, habían de emprender, a su turno, tareas de europeización, para que ahora se lo afeen los devotos del criollismo puro.» Pero Henríquez Ureña reconoce, al mismo tiempo, la función de «la energía nativa». Más aún, la reivindica como factor primario de toda creación americana. Formamos parte del mundo latino y, por ende, del occidental; pero los lazos que supone esta filiación «no son estorbos definitivos para ninguna originalidad, porque aquella comunidad tradicional afecta solo a las formas de la cultura mientras que el carácter original de los pueblos viene de su fondo espiritual, de su energía nativa». Y esta energía quizá en ningún americano actúa tanto como en los que pugnan por europeizar u occidentalizar América. «No creo —declara Henríquez Ureña— en la realidad de la querella de Fierro contra Quiroga. Sarmiento, como civilizador, urgido de acción, atenaceado por la prisa, escogió para el futuro de su patria el atajo europeo o norteamericano en vez del sendero criollo, informe todavía, largo, lento, interminable tal vez o desembocando en callejón sin salida; pero nadie sintió mejor que él los soberbios ímpetus, la acre originalidad de la barbarie que aspiraba a destruir. En tales oposiciones y en tales decisiones está el Sarmiento aquilino: la mano inflexible escoge; el espíritu amplio se abre a todos los vientos. ¿Quién comprendió mejor que él a España, la España cuyas malas herencia quiso arrojar al fuego, la que visitó "con el santo propósito de levantarle el proceso verbal", pero que a ratos le hacía agitarse en ráfagas de simpatía?»

¿A qué atribuir la imperfección, la incipiencia, la pobreza de nuestra literatura? Henríquez Ureña no busca la explicación en la raza, ni en el clima, ni en los modelos, ni en el demonio del romanticismo o del europeísmo. El arte y la literatura no florecen en sociedades larvadas o inorgánicas, oprimidas por los más elementales y angustiosos problemas de crecimiento y estabilización. No son categorías cerradas, autónomas, independientes de la evolución social y política de un pueblo. Henríquez Ureña se coloca a este respecto en un terreno materialista e histórico. Distingue dos Américas, la buena y la mala. La primera es la que ha conseguido organizar aproximadamente su existencia, según las reglas de la civilidad occidental; la segunda es la que se debate aún en la contradicción, entre las formas y exigencias de esta cultura y los densos rezagos tribales o feudales de la América primitiva o colonial. Y la literatura no escapa a una u otra influencia. «Las naciones serias van dando forma y estabilidad a su cultura y en ellas las letras se vuelven actividad normal, mientras tanto, en "las otras naciones", donde las instituciones de cultura, tanto elemental como superior, son víctimas de vaivenes políticos y del desorden económico, la literatura ha comenzado a flaquear. Ejemplos: Chile, en el siglo XIX, no fue uno de los países hacia donde se volvían con mayor placer los ojos de los amantes de las letras; hoy sí lo es. Venezuela tuvo durante cien años, arrancando nada menos que de Bello, literatura valiosa, especialmente en la forma: abundaba el tipo del poeta y del escritor dueño del idioma, dotado de facundia. La serie de tiranías ignorantes que vienen afligiendo a Venezuela desde fines del siglo XIX —al contrario de aquellos curiosos "despotismos ilustrados" de antes, como el de Guzmán Blanco— han deshecho la tradición intelectual: ningún escritor de Venezuela menor de cincuenta años disfruta de reputación en América.»

Henríquez Ureña discurre con admirable lucidez sobre la naturaleza de los problemas literarios y artísticos. «Nuestros enemigos —escribe— al buscar la expresión de nuestro mundo, son la falta de esfuerzo y la ausencia de disciplina, hijos de la pereza y la incultura, o la vida en perpetuo disturbio y mudanza, llena de preocupaciones ajenas a la pureza de la obra: nuestros poetas, nuestros escritores, fueron las más veces, en parte son todavía, hombres obligados a la acción, la faena política y hasta la guerra, y no faltan entre ellos los conductores e iluminadores de pueblos.» Pero más certera y magistral es su diagnosis en estas palabras finales del libro: «En el pasado nuestros enemigos han sido la pereza y la ignorancia; en el futuro, sé que solo el esfuerzo y la disciplina darán la obra de expresión pura. Los hombres del ayer, en parte los del presente, tenemos excusa: el medio no nos ofrecía sino cultura atrasada y en pedazos; el tiempo nos lo han robado empeños urgentes, unas veces altos, otras humildes. Y, sin embargo, hasta fines del siglo XIX nuestra mejor literatura es obra de hombres ocupados en "otra cosa": libertadores, presidentes de república, educadores de pueblos, combatientes de toda especie. La calamidad han sido los ociosos: esos poetas románticos, cuyo único oficio conocido era el de hacer versos, pero que eran incapaces de poner seriedad en la obra. Y lo que antes se veía en los románticos, ¿no se ve ahora en sus descendientes bajo designaciones distintas?». Es difícil comentar el libro de Henríquez Ureña sin ceder, a cada paso, a la tentación de citar textualmente sus palabras. He descrito, hasta ahora, párrafos que dan una idea precisa del mérito y del contenido de su última obra. Si estas transcripciones contribuyen a despertar el interés del público sobre tan excelente libro, habré alcanzado lo que me propongo en este rápido comentario.

Libros a la carta

A la carta es un servicio especializado para
empresas,
librerías,
bibliotecas,
editoriales
y centros de enseñanza;
y permite confeccionar libros que, por su formato y concepción, sirven a los propósitos más específicos de estas instituciones.

Las empresas nos encargan ediciones personalizadas para marketing editorial o para regalos institucionales. Y los interesados solicitan, a título personal, ediciones antiguas, o no disponibles en el mercado; y las acompañan con notas y comentarios críticos.

Las ediciones tienen como apoyo un libro de estilo con todo tipo de referencias sobre los criterios de tratamiento tipográfico aplicados a nuestros libros que puede ser consultado en linkgua-digital.com.

Linkgua edita por encargo diferentes versiones de una misma obra con distintos tratamientos ortotipográficos (actualizaciones de carácter divulgativo de un clásico, o versiones estrictamente fieles a la edición original de referencia).

Este servicio de ediciones a la carta le permitirá, si usted se dedica a la enseñanza, tener una forma de hacer pública su interpretación de un texto y, sobre una versión digitalizada «base», usted podrá introducir interpretaciones del texto fuente. Es un tópico que los profesores denuncien en clase los desmanes de una edición, o vayan comentando errores de interpretación de un texto y esta es una solución útil a esa necesidad del mundo académico.

Asimismo publicamos de manera sistemática, en un mismo catálogo, tesis doctorales y actas de congresos académicos, que son distribuidas a través de nuestra Web.

El servicio de «libros a la carta» funciona de dos formas.

1. Tenemos un fondo de libros digitalizados que usted puede personalizar en tiradas de al menos cinco ejemplares. Estas personalizaciones pueden ser de todo tipo: añadir notas de clase para uso de un grupo de estudiantes,

introducir logos corporativos para uso con fines de marketing empresarial, etc. etc.

2. Buscamos libros descatalogados de otras editoriales y los reeditamos en tiradas cortas a petición de un cliente.

www.ingramcontent.com/pod-product-compliance
Lightning Source LLC
Chambersburg PA
CBHW030925090426
42737CB00007B/319